Yebo · ESWATINI

Yes · 史瓦帝尼

Yebo · ESWATINI

Yes · 史瓦帝尼

班柯希 王子殿下／H.R.H. Prince Buhlebenkhosi Dlamini

史瓦帝尼王國國王陛下恩史瓦帝三世（H.M.King Mswati III）之子，實踐大學管理學院國際企業英語學位學程碩士，基於皇家教育之緣由，經常旅遊全球各地與學習國際事務，個人興趣相當廣泛，例如，熱愛流行音樂、喜愛多元文化、喜好結交益友、愛好跨域學習等。

陳瑩峰 博士／Ean Chen, Ph.D.

任教於實踐大學管理學院，受聘數家國際企業和專業機構諮詢顧問，受邀多次擔任史瓦帝尼大學訪問學者，策劃史瓦帝尼文化與旅遊特展，長期協助史瓦帝尼王國相關事宜，例如，文化交流、教育合作、公共事務、經貿發展等。

「史瓦帝尼王國」（The Kingdom of ESWATINI）是我的父王，恩史瓦帝三世（H.M. King Mswati III）於 2018 年 4 月 19 日，在歡慶父王生日與獨立紀念日的「50・50 雙慶典禮」，正式宣布新的國家名稱，從當初 50 年前國家獨立之時，承續英國命名的史瓦濟蘭（Swaziland），現在應該以我們國族的稱號「史瓦帝」（Swati）融合為國家的名稱，在這歷史光榮的時刻，我們自主正名為「史瓦帝尼」（ESWATINI）意為「史瓦帝人的土地」。

史瓦帝尼王國是我生長的故鄉，在這片美麗的地方，可以體驗大自然的原始生態環境，接觸非洲的豐富人文風情，感受在地居民的愉悅款待，欣賞全球獨特的史瓦帝尼傳統文化與節慶活動。這是描述我的家鄉，史瓦帝尼的過去、現在與未來的一本書，期待各位閱讀後，可以顛覆您所想像的非洲國家。

我在台灣求學深造多年，就讀於世界聲望卓越的實踐大學，我的父王特別期盼，在台灣就學期間，除了接受課堂上核心的專業學習之外，也要真實體驗優質的台灣傳統與文化，更要積極增進台史兩國人民情誼。為此，我經常旅遊台灣各地、參訪相關組織以及請教良師益友，實際對於我們兩國有許多相似的文化，甚為感同身受。

史瓦帝尼雖然距離台灣很遙遠，然而，我們擁有相同的價值與信念，兩國人民都有勤奮、善良、隨和、純樸、真誠的民族性格，讓彼此的邦誼歷久彌新。希望各位朋友，可以藉由這本專書《Yebo．ESWATINI》的介紹和導引，對於我的美麗家鄉，可以有更深度的瞭解。

非常歡迎大家，實地到訪我的溫馨樂活家園，連結你我人生共同的美好珍藏回憶，一起創造我們的史瓦帝尼精彩故事。

班柯希 *Buhlebenkhosi Dlamini*

位於非洲南方的史瓦帝尼王國（The Kingdom of ESWATINI），擁有天然美麗的優質環境，保有真誠質樸的傳統文化，具有多元層次的原始感動，更有非洲瑞士的美名風采。生長在亞洲生活圈的我們，由於距離遙遠，文化隔閡，地方陌生，絕大多數的民衆，生活一輩子當中，可能作夢也不會到達的地方。

起緣於班柯希王子殿下（H.R.H. Prince Buhlebenkhosi Dlamini）遠從非洲抵達台灣，就學於實踐大學，進而衍生出我們的深厚師生情誼，為共同增進台史邦誼，接續於新北市新店區大豐國小，舉辦 2015 年史瓦帝尼王國文化特展與 2016 年史瓦帝尼王國觀光旅遊展，並與留學在台灣的史瓦帝尼學生，巡迴各地宣揚史瓦帝尼文化，讓身處在台灣的居民，可以有機會，不用安排出國，即可深刻地感受全球獨特的史瓦帝尼文化。

為協同班柯希王子殿下，共同完成全球首本，以中文撰述的史瓦帝尼專書，描繪當地特有的自然景色，感受在地精彩的非洲風情，在歷經 3 年期間，五度受邀造訪史瓦帝尼王國，遊歷全國各地數次，參加國家慶典活動，訪問政府主要官員，擔任史瓦帝尼大學訪問學者，促進兩國經貿交流合作，更榮獲恩史瓦帝三世國王陛下（H.M. King Mswati III）四度召見面談，對於個人生涯的旅程當中，深感榮幸，收穫豐碩。

《Yebo · ESWATINI》是一本可以基本瞭解史瓦帝尼王國的專書，期望讀者們透過優美的圖像、漸層的描述以及活用的 QR 條碼連結，在閱讀時刻，激起對於史瓦帝尼的想像互動與熱情悸動。美麗的非洲絕對是一生值得珍藏的悠遊選項，在此真情推薦，史瓦帝尼是必選中的首選，有機會就到史瓦帝尼旅行吧！

陳瑩峰 Ean Chen

本書作者，班柯希王子和陳瑩峰老師，於出版《Yebo · ESWATINI》之前，榮獲史瓦帝尼王國國王陛下，恩史瓦帝三世（H.M. King Mswati III）特別召見，會面相談期間，談論的主題相當豐富多元，例如，國際政治、經貿發展、文化內涵、教育理念、環境保護、農業科技等議題，內容深入淺出，蘊含深意，過程談笑風生，令人印象深刻。國王更再次表達，感謝中華民國對於史瓦帝尼王國的長期支持、協助與合作。

推薦序

來自我國非洲友邦——史瓦帝尼王國的班柯希王子，由前達姆尼總理（Absalom Themba Dlamini）帶領，於2014年8月19日到實踐大學參訪，在本人極力推薦下，他選擇就讀企管系國企組（之後更名為國際企業英語學位學程），前後六年順利完成了學士及碩士學位。

因為王子身分特殊，除了國際處及系內師長的照顧外，我另以校長身分擔任他的特別導師，在大學四年間每週師生定期見面，教導他中華文化，亦為他安排到政府部會、科學園區、民間企業及各風景名勝與日本參訪旅遊。這段期間，他不僅學會國企專業，還學了華語，更深度地認識台灣。2018 年及 2020 年的兩次畢業典禮，他都擔任國際生致達詞代表，用中文說：「台灣是我第二個家，我喜歡實踐，我愛台灣！」

受到照顧班柯希王子的機緣，我與史瓦帝尼王國駐台大使館大使及每一位官員都成為好朋友，我也專程遠赴該國作「家庭訪問」，瞭解王子居家生活情形，參加蘆葦節慶典，訪問姊妹校，並多次蒙恩史瓦帝三世國王（H.M. King Mswati III）召見。國王對我國極為友好，每年在聯合國為我國發聲，他於 2015 年 5 月 18 日蒞臨實踐大學參訪，以及 2018 年 6 月 9 日率團至國父紀念館，參與班柯希王子的畢業典禮，擔任貴賓致詞，並獲本人當衆頒授名譽管理學博士學位。

班柯希王子是個品學兼優的學生，在學期間和管理學院老師陳瑩峰博士共同完成了《Yebo · ESWATINI》（Yes · 史瓦帝尼）一書，介紹史瓦帝尼王國，內容十分豐富，包括地理與歷史文化，尤其她的王位選任與繼任，重要慶典如蘆葦節、勇士節、果實節、國王誕辰慶生日及國家獨立紀念日等都非常特別，加上各種照片及 QR 條碼連結，資料彌足珍貴，是目前市面上介紹該國唯一的一本中文專書，特別向讀者鄭重推薦。

陳振貴 Michael J.K. Chen, Ed.D.

（實踐大學校長，2011/8 － 2020/7）

2018 年 6 月恩史瓦帝三世國王與陳振貴校長合影

2018 年 6 月，恩史瓦帝三世國王與莫查王妃參加班柯希王子畢業典禮並獲頒實踐大學榮譽博士學位。總統府陳建仁副總統、外交部吳釗燮部長、實踐大學謝孟雄董事長以及陳振貴校長同於現場合影。

目　次
CONTENTS

01 優美的天然環境
Wonderful Natural Environment

02 豐富的歷史傳承 Abundant Historical Heritage

03 原始的傳統文化 Original Traditional Culture

04 當代的日常生活 Modern Daily Life

05 獨特的政治制度 Unique Political System

06 多元的經濟發展 Diverse Economic Development

07 堅定的友邦情誼 Forever Friendship

08 非洲的明日之星 Africa's Rising Star

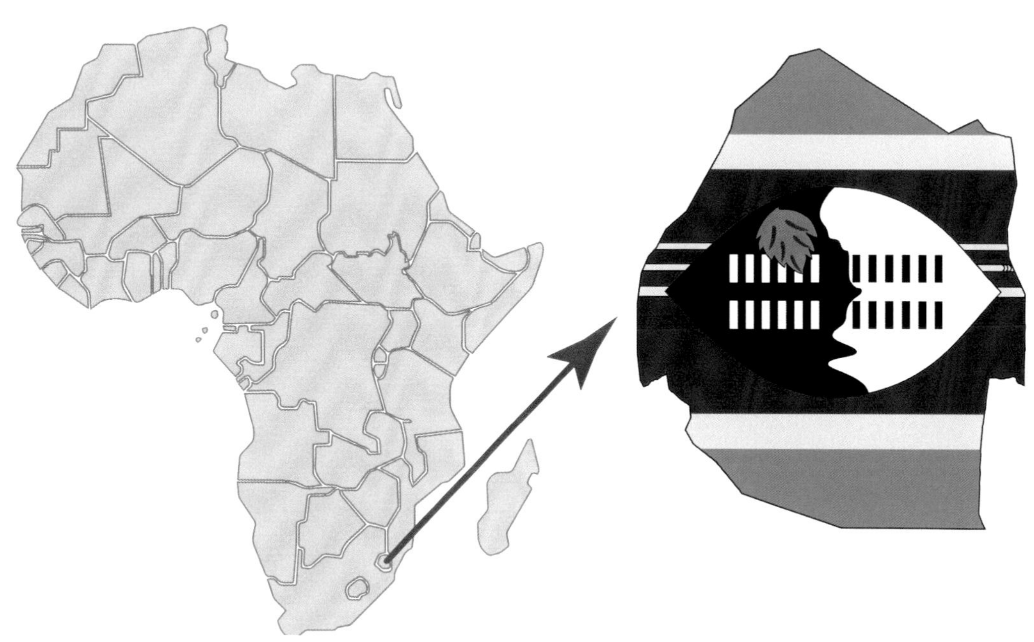

01

Wonderful Natural Environment

優美的天然環境

地理位置 Geographic Position

史瓦帝尼王國是位於非洲南方之內陸國，有非洲瑞士之稱。東北與莫三比克共和國為鄰，南非共和國圍繞著北、西、南三面，國土總面積為 17,364 平方公里，約略為台灣的一半面積，人口約為 150 萬。全國疆域劃分為 4 大行政區，包括：曼齊尼區（Manzini Region）、霍霍區（Hhohho Region）、盧邦博區（Lubombo Region）、希塞韋尼區（Shiselweni Region）等，首都位於墨巴本（Mbabane），最大城市為曼齊尼（Manzini）。

▲ 史瓦帝尼王國 4 大行政區簡介

▲ 史瓦帝尼王國全國行政區域圖

▲史瓦帝尼位於南半球的非洲，台灣位於北半球的亞洲。

自然環境 Natural Environment

史瓦帝尼王國位於南半球緯度 25 度與 27 度之間，相較台灣位於北半球緯度 22 度與 25 度之間，兩國疆域皆立於相似的地球緯度區間。地勢高度介於海拔 400 公尺至 1,800 公尺之間，具有涼爽的溫帶氣候與濕熱的亞熱帶氣候。每年 4 月至 9 月為乾季，雨量較少，10 月至隔年 3 月為雨季，全年溫度介於攝氏 5 度至 35 度之間。史瓦帝尼王國是非洲地區少數同時擁有天然純淨的水源、森林、草原、山陵等優質的生態環境，境內西側多為丘陵山地，東面為綠地平原，全國土地的樹木覆蓋率約達 40%。

▲ 美國中央情報局（CIA）對於史瓦帝尼王國簡介

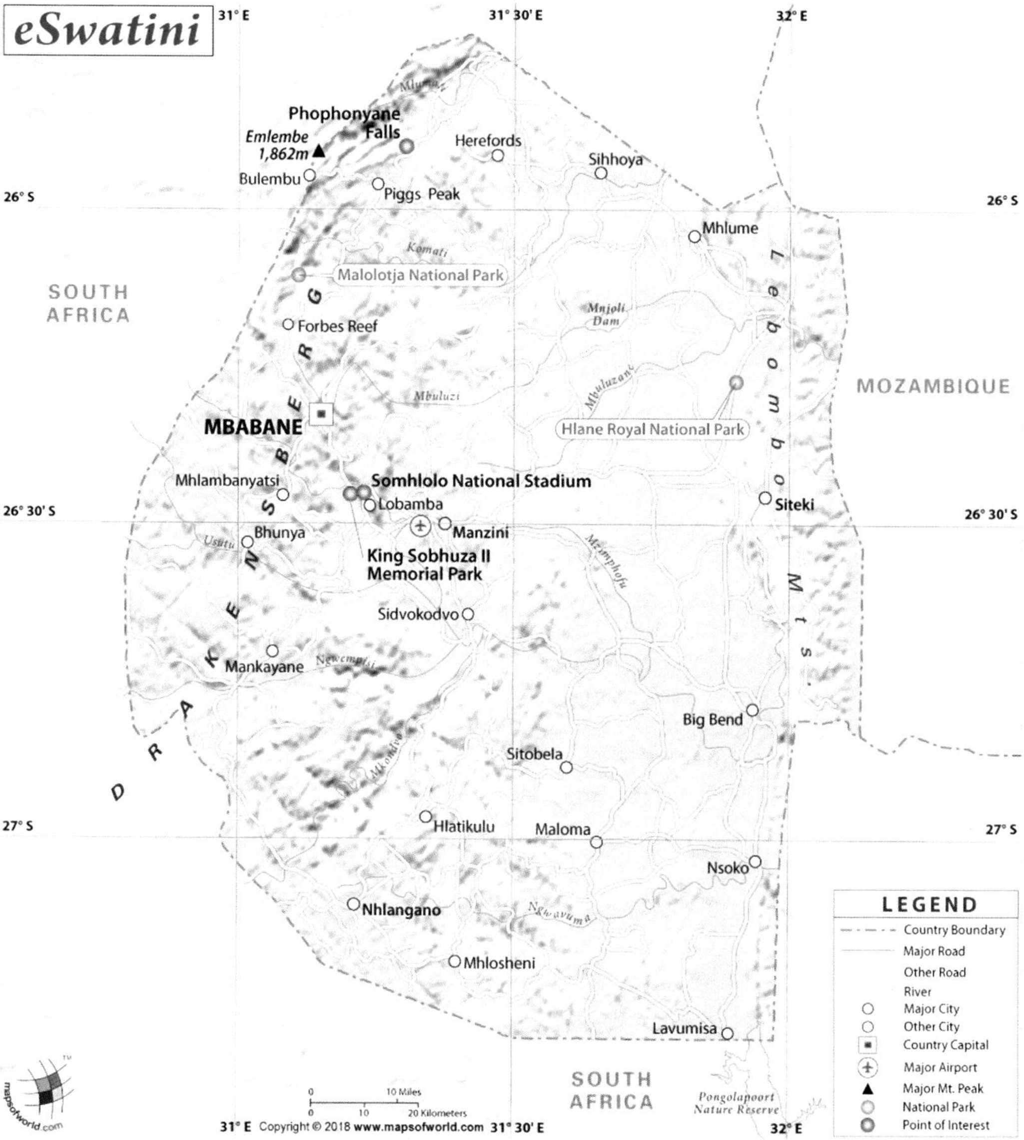

eSwatini

31° E
31° 30' E
32° E
26° S
26° 30' S
27° S
Phophonyane Falls
Emlembe 1,862m
Bulembu
Herefords
Sihhoya
Piggs Peak
Mhlume
Komati
Malolotja National Park
SOUTH AFRICA
Mnjoli Dam
Forbes Reef
DRAKENSBERG
Lebombo Mts.
MOZAMBIQUE
Mbuluzi
Mbuluzane
MBABANE
Hlane Royal National Park
Mhlambanyatsi
Somhlolo National Stadium
Lobamba
Siteki
Bhunya
Usutu
Manzini
King Sobhuza II Memorial Park
Mzimphofu
Sidvokodvo
Mankayane
Ngwempisi
Big Bend
Sitobela
Mkondvo
Hlatikulu
Maloma
Nsoko
Nhlangano
Ngwavuma
Mhlosheni
Lavumisa
SOUTH AFRICA
Pongolapoort Nature Reserve
0 10 Miles
0 10 20 Kilometers
mapsofworld.com

LEGEND
Country Boundary
Major Road
Other Road
River
Major City
Other City
Country Capital
Major Airport
Major Mt. Peak
National Park
Point of Interest

▲ 史瓦帝尼王國地形概況

▼「皇家谷地」之稱的伊祖威尼谷地（Ezulwini Valley）

▲皇室宗族成員居住的特區，依山傍水，風景優美。

▲天然純淨的水源

▲典型的非洲大草原

▲ 優美的原始生態，吸引全球喜愛天然環境人士，親自蒞臨體驗深度旅遊。

根據生態紀錄發現，大約有 500 種鳥類、超過 60 種哺乳類動物、大概有 160 種蝴蝶以及至少 1,000 種植物，棲息在史瓦帝尼，由於境內的優質環境、低度開發與適當保護，增進孕育多樣且豐富的生物種類，促使史瓦帝尼王國，成為非洲生物群聚的樂活家園。

▲ 史瓦帝尼生態環境介紹

▲ 珍貴的特有鳥類

▲ 多樣的野生動物

▲ 可愛的野生鹿群

▲安然的野豬覓食

▲ 美麗的花草樹木

"ANGINASITSA" "I HAV

02

Abundant Historical Heritage

豐富的歷史傳承

源自恩古尼族系 Nguni People

史瓦帝族（Swati）與祖魯族（Zulu），同為「恩古尼」（Nguni）族系，於 16 世紀時，自非洲中部往南方遷徙，史瓦帝族人，直至 1750 年間，始定居於目前之史瓦帝尼王國境內。

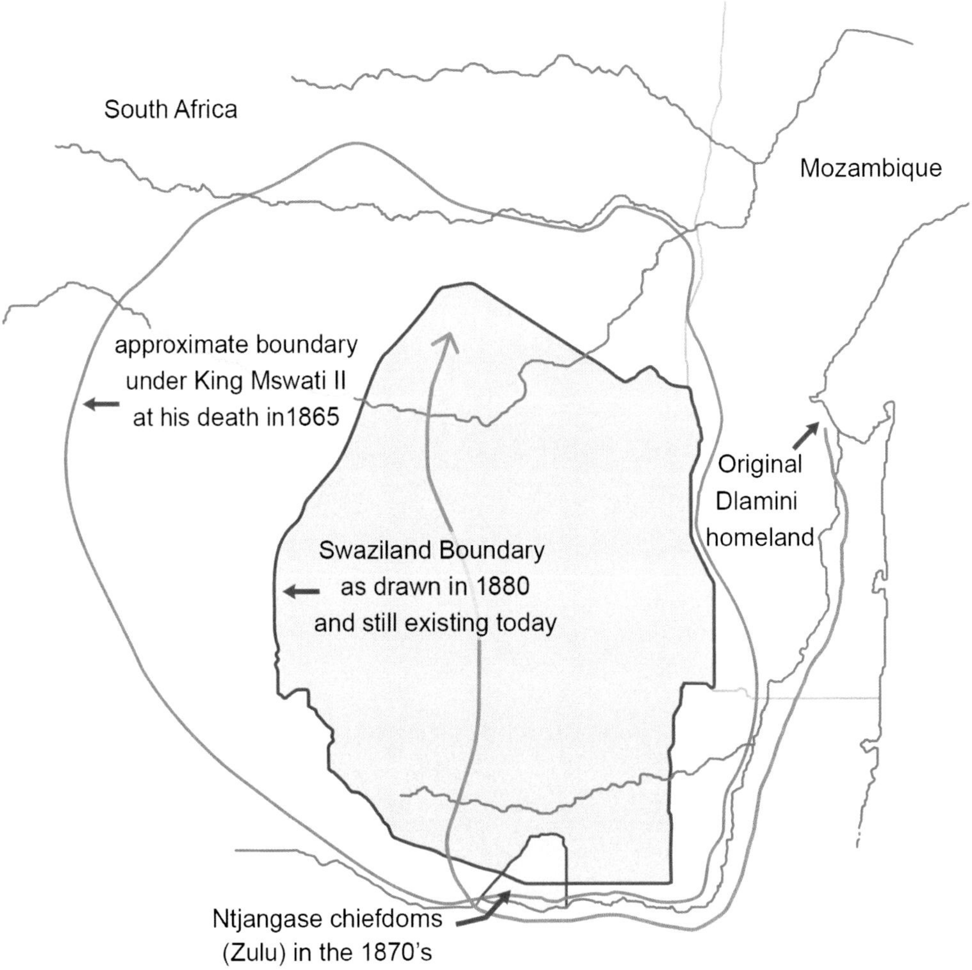

South Africa
Mozambique
approximate boundary under King Mswati II at his death in1865
Original Dlamini homeland
Swaziland Boundary as drawn in 1880 and still existing today
Ntjangase chiefdoms (Zulu) in the 1870’s

▲ 史瓦帝族人歷史活動領域

▲ 史瓦帝尼王國歷史簡介

Libutfo lemaSwati lalinendlela yalo yekweweta Indlovukazi umfula, ingamantiswa ngemanti.

The Swadini warriors assisted the Queen Mother to cross the river safely.

史瓦帝尼勇士們，協助王母平安渡河。

史瓦帝族的由來 Swati People

18 世紀中葉期間，祖魯帝國興起，當時我們不願臣服並率衆抗衡的英勇部衆，領袖為恩史瓦帝（Mswati），其後即以「史瓦帝」（Swati）為國族名稱。我們史瓦帝人擅長以長棍作為防禦與狩獵之工具，現今仍然承襲原始在地族人的文化與傳統，許多慶典與活動，男性都會身著猛獸皮衣與手持長棍並且歌唱、遊行或舞蹈，藉此彰顯我們的傳統特色與文化習俗。

父王於 2018 年 4 月 19 日，在 50 歲生日慶典當天正式宣布，國家正名為史瓦帝尼王國（The Kingdom of ESWATINI），「史瓦帝尼」（ESWATINI）意為「史瓦帝人的土地」。

▲ 手持長棍與身著皮衣彰顯傳統習俗

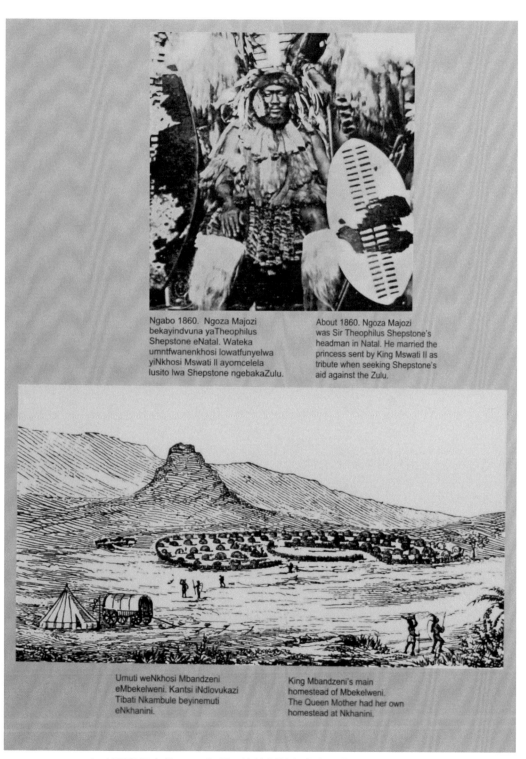

Ngabo 1860. Ngoza Majozi bekayindvuna yaTheophilus Shepstone eNatal. Wateka umntfwanenkhosi lowatfunyelwa yiNkhosi Mswati II ayomcelela lusito lwa Shepstone ngebakaZulu.

About 1860. Ngoza Majozi was Sir Theophilus Shepstone's headman in Natal. He married the princess sent by King Mswati II as tribute when seeking Shepstone's aid against the Zulu.

Umuti weNkhosi Mbandzeni eMbekelweni. Kantsi iNdlovukazi Tibati Nkambule beyinemuti eNkhanini.

King Mbandzeni's main homestead of Mbekelweni. The Queen Mother had her own homestead at Nkhanini.

▲ 史瓦帝族人於1860年代，持續對抗祖魯帝國與當時生活情況。

我們的史瓦帝勇士，身著猛獸皮衣與手持長棍，展現傳統文化和習俗。

▲ 史瓦帝尼傳統的音樂與舞蹈

歐洲文化的影響 European Culture

19 世紀中期，歐洲勢力進入南部非洲地區，英國及荷蘭相互競爭，極欲控制史瓦帝尼。於 1902 年，荷蘭在第二次波爾戰爭（The Second Boer War）失利，痛失其占領土地，於是英國統治非洲南部地區，包括史瓦帝尼。

▲第二次波爾戰爭（The Second Boer War）

▲ 19 世紀時期，歐洲裔移民抵達史瓦帝尼尋求採礦、貿易與耕作機會。

Emadvodza emaSwati. Imvunulo yawo ishintje kancane eminyakeni lelikhulu leyengcile, kepha lihawu lesebaliphatsa nyalo selaba lincane lamuhla.
Swazi male traditional costume has changed little in a century, although the shields carried today are smaller.

Tintfombi tifaka imicwasho entsanyeni. Lemicwasho ikhomba kutsi letintfombi tisembutfweni leMcwasho. Atikafaneli titfole tisu eminyakeni letsite. iNkhosi ingasho kutsi tiyotfwala imicwasho iminyaka lemingaki.
Maidens with cloth tassels around their necks. The tassels indicate that they are part of an on-going umcwasho ceremony, and they must not fall pregnant during a certain number of years prescribed by the King
Intfombatane lemile ivunule lunchakayi (indlamu) lolwakiwe ngeluhlonga. Enhloko itfwele lutindzi nesiphungo.
The standing girl had a grass girdle. She had grass for weaving and a calabash container.
Intfombi ivunula tembatfo tekugidza. Letembatfo atijintjwanga ekhulwini leminyaka leyengca.
A maiden wearing a ceremonial dancing costume. The essential costume has not changed in 100 years.
Nga1895. Tintfombi tivunule umcwasho emtini weNkhosi eMbekelweni.
1895. Young girls wearing the umcwasho costume at Mbekelweni Royal Village.

▲ 史瓦帝族人於 1895 年，當時生活情況。

▲ 國王索布扎二世於 1967 年成立自治政府，鞏固當時的史瓦濟蘭領土。

於 1964 年間，英博科德沃民族運動（Imbokodvo National Movement）興起並尋求史瓦濟蘭成為獨立國家，1967 年成立自治政府。國王索布扎二世（King Sobhuza II）於 1968 年 9 月 6 日，正式宣告史瓦濟蘭王國（現正名為史瓦帝尼王國）獨立建國，同時與中華民國建立外交關係。我們的政治、教育、社會、文化等方面，深受英國影響，例如，皆為大英國協（The Commonwealth）會員國、皇室家族深受人民愛戴、史瓦帝語和英語同為官方語言、汽車駕駛座方向為右邊。

▲ 大英國協（The Commonwealth）

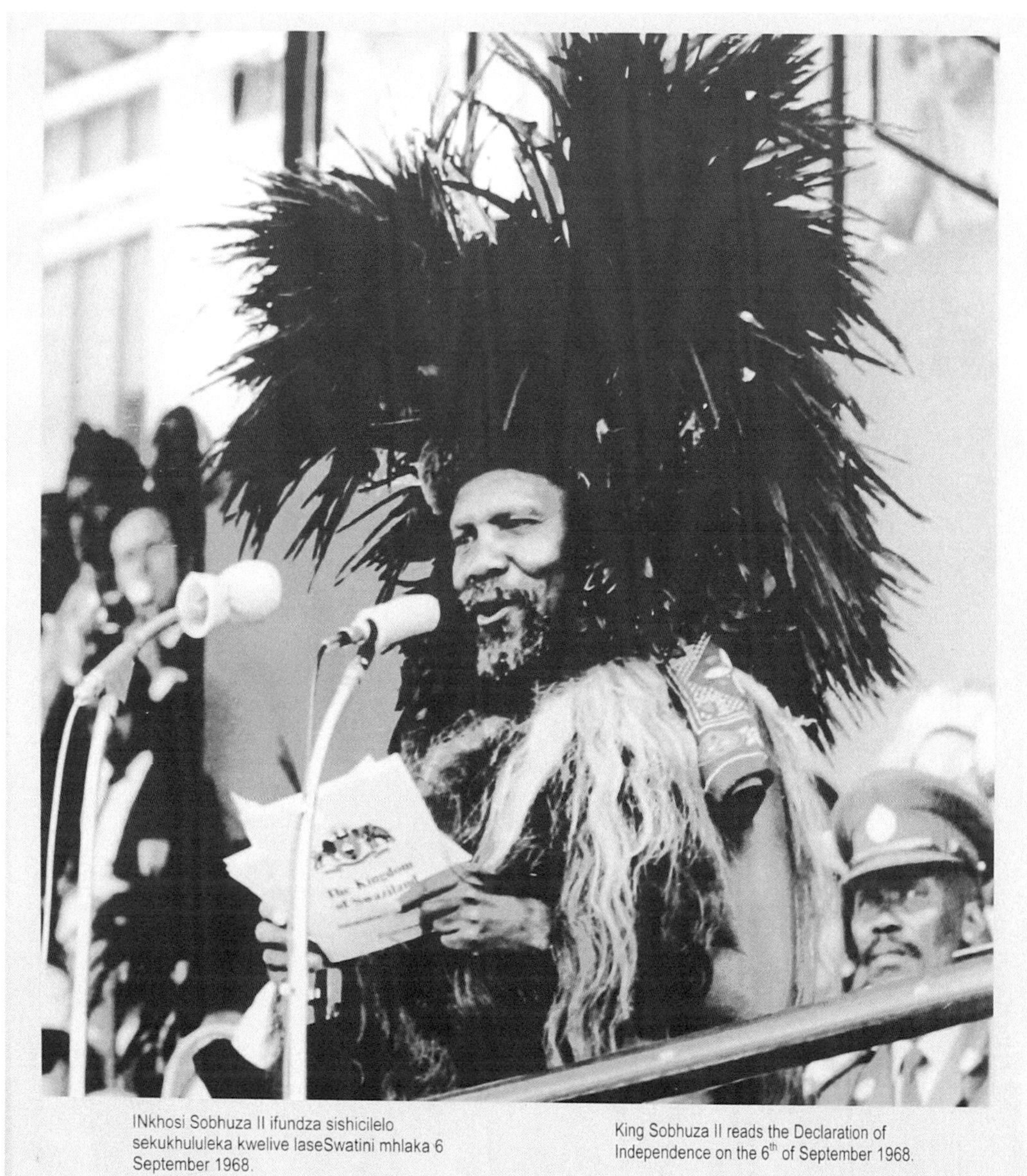

INkhosi Sobhuza II ifundza sishicilelo sekukhululeka kwelive laseSwatini mhlaka 6 September 1968.

King Sobhuza II reads the Declaration of Independence on the 6th of September 1968.

▲ 國王索布扎二世（King Sobhuza II）於1968年9月6日，正式宣告獨立。

Tindvuna tembuso nga 1967. The cabinet in 1967.

A Z Khumalo Dr A N Nxumalo L Lovell W R Ramsden Prince Makhosini Dlamini.

Labangemuva kusukela ngesancele.
Back row from left.

N Sikhonde S M Shabalala Chief M Ndlangamandla M S Matsebula
E S Dhladhla B A Dlamini Prince Masitsela Dlamini

Labangekho
Absent

S S Nxumalo A K Hlophe M G Dlamini J M B Sukati

INkhosi Sobhuza II ime na-Sir Francis Loyd, Khomishane waKhwini yemaNgisi eSwatini emcimbini wekukhomba kutiphatsa kwelive laseSwatini.

King Sobhuza II with Sir Francis Loyd, Queen's Commissioner to Swaziland, at a ceremony to mark internal self-rule for Swaziland.

▲ 與英國溝通史瓦濟蘭王國獨立之相關事宜

Libandla lekushaya umtsetfo nga 1967.

House of Assembly in 1967.

Labasembili kusukela ngesancele.
Front row from left.

R V Dlamini	R Forrester	N M Hlatshwako	M S Ndaba
D Dlamini	H K Dlamini	S M Dlamini	M N Gamede

Labangemuva kusukela ngesancele.
Back row from left.

Ndvunankhulu waseBrithani Harold Macmillan amemetela tingucuko tembusave nga1960, eNhlangano. Letitingucuko tatitekucala kuchaza kuta kwenkhululeko.

The British Prime Minister Harold Macmillan giving his "Winds of Change" speech in Nhlangano in 1960. It was the first sign that independence was coming.

▲ 國王索布扎二世於 1967 年，組成國家獨立前之內閣與國會。

Original Traditional Culture

原始的傳統文化

獅群文化 The Culture of Lions

獅子為百獸之王，是世界上唯一的大型貓科社群動物，史瓦帝族人承襲非洲原始文化，獅群的特有習性與活動，是學習和模仿的對象， 一夫多妻制是獅群的特有文化，通常由 1 頭雄獅，統領約 20 頭母獅與幼獅，獅王體態雄偉，孔武有力，主要負責保衛家園安全，防止其他猛獸偷襲與擊退流浪雄獅侵入領地，更主導繁衍後代的工作，每個獅群當中，母獅負責狩獵捕食、衍生後代、哺育幼獅、防衛領地等，母獅們大多是祖孫、母女或姊妹的親屬關係。

幼獅大致於 2 歲成年時，獅王會驅趕成年雄獅，使其脫離獅群，令其獨立生活，被驅離的成年雄獅兄弟，歷經流浪數年，直到體型健壯與戰技強大，可以獨自或聯合擊敗某一獅群的現任獅王，取代其地位，成為新一代獅群領袖。

▲ 為什麼獅子是群體動物？

傳統住宅 Traditional House

我們在地特色的傳統建築是「圓頂棚屋」（Swati Hut）草屋。屋體結構由木造支撐與茅草結繩編織而成，因茅草構造結實，屋內溫度可保持冬暖夏涼，室內挑高的位置，可成為儲藏空間，房屋入口處相當低矮，有保衛安全作用，主要為防止外人入侵，房屋外有烹飪區域與飼養牛羊的柵欄專區。

◀ 圓頂棚屋（Swati Hut）草屋

▲ 史瓦帝男子居住之圓頂棚屋

傳統部落由「祖母房」、「首領房」、「妻妾房」、「男生房」、「女生房」等組成，保留傳統的生活習慣及民俗活動。祖母在家族當中的地位最高，更由於壽命較長，最能延續傳統文化與生活智慧，年輕世代，若需遠行或離鄉發展，離行前都有向祖母，尋求祝福與智慧的傳統。

▲ 史瓦帝女子居住之圓頂棚屋

我們的在地文化仍然依循男女有別與重男輕女，男性歸右方，女性歸左方，例如，男生請走右邊、女生請往左邊，睡覺時男人屬右邊，女人屬左邊，男生區是不准女生進入的，性別分際與禮節遵循相當明確。

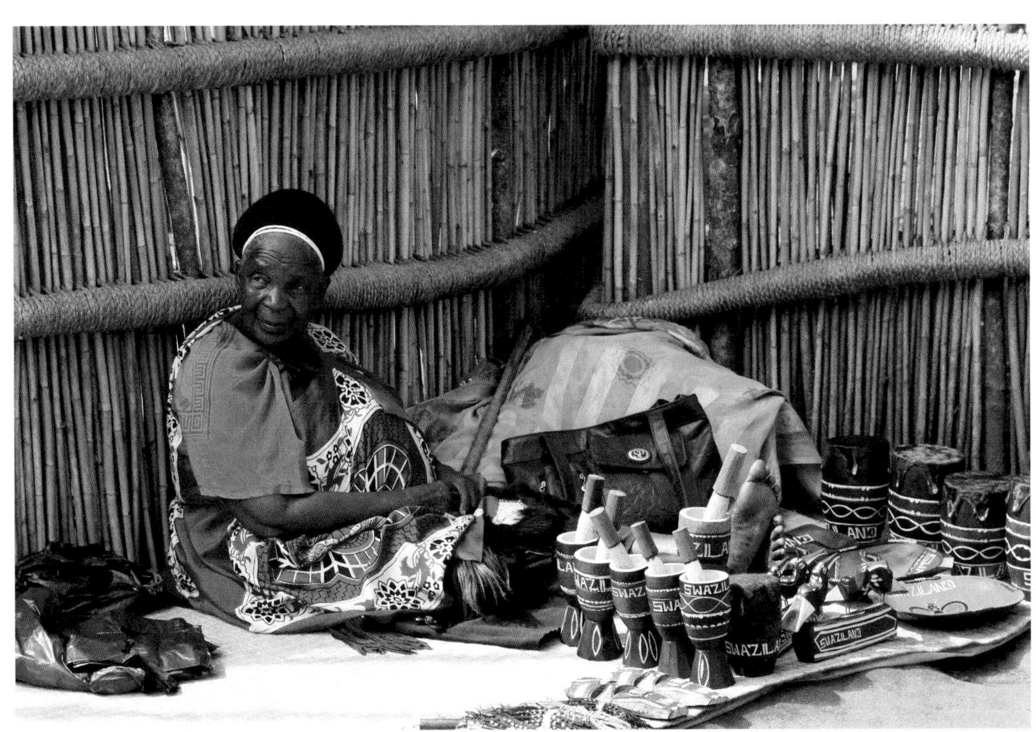

▲ 典型的史瓦帝祖母之生活情況

▲ 史瓦帝文化謹守男女分際與禮節遵循

年度慶典 Annual Festivals

果實節
The Marula Festival

在非洲有一名稱為瑪茹拉（Marula）的樹種，生長在非洲亞熱帶草原上，所產出的果實，是大象非常喜愛吃的水果，豐富的果糖成分，特別受到非洲象群的熱情關照，大象們會相當專注地吃到心滿意足，然後興奮地歌唱離開。緣此，瑪茹拉樹又稱為大象樹，在南非相當著名的大象酒，就是主要以瑪茹拉樹的果實釀造而成。

▲ 瑪茹拉樹產出的豐碩果實

▲ 釀製完成的瑪茹拉酒

在史瓦帝尼，每年的 2 月中旬開始，直到 5 月都是瑪茹拉果實成熟盛產的季節，我們會將其釀製成美酒，稱為布嘎奴（Buganu）或瑪茹拉啤酒，由於瑪茹拉果實含有豐富的維他命 C，是柳橙的 4 倍，果核可製成抗氧化原料，更衍生許多美容的相關原料和產品，每年國王和王母都會巡迴盛產瑪茹拉果實的地區，歡慶上天恩賜的豐盛禮物。

▲ 果實節 The Marula Festival

王母恩彤碧（Her Majesty Queen Mother Ntombi）蒞臨現場，歡慶果實節（The Marula Festival）。

國王誕辰慶生日
The King's Birthday

我的父王，誕生於 1968 年 4 月 19 日，每年全國人民都會在生日當天一同慶賀父王誕生，各國使節都會代表其國家，敬獻誕辰禮物，例如，蔡英文總統於 2018 年 4 月 19 日，親自蒞臨史瓦帝尼王國，參加父王 50 歲生日與國家獨立 50 周年的雙慶典禮，贈送父王，健壯的 5 頭牛為賀禮。史瓦帝尼的在地文化，牛被視為最珍貴的禮物，更是個人財富的象徵。依據我們當地的結婚習俗，男方約需準備 20 頭牛，作為迎娶女方的最重要聘禮。

▲ 史瓦帝尼當地主要的牛隻種類

▲ 蔡英文總統於 2018 年蒞臨參加 50．50 雙慶儀式現場

Hlala Eswatini
50
1968
2018

▲ 全國人民熱烈歡慶父王生日

野火節
The Bushfire

野火節是史瓦帝尼知名的國際音樂藝術饗宴，已經連續舉辦 11 年，每年 5 月底的週末假日舉行，精彩的音樂盛宴與獨特的藝術展現，吸引至少 20,000 群衆參加盛會。美國有線電視新聞網（CNN）評定為非洲 7 個必到觀賞的音樂慶典之一（One of the7 African Music Festivals You Really Have to See），英國廣播公司（BBC）特選為頂級的非洲節慶活動（Top African Festival）。

▲ 野火節現場實況

▲野火節官方網站

蘆葦節
The Reed Dance

蘆葦節是一場年輕未婚少女對於王母表示敬意的典禮儀式，在每年的 8 月底至 9 月初舉行，盛會期間長達 8 日。每年大約 40,000 名史瓦帝少女參加，大部分的參與者為青少女，也有更為年幼的女孩。於慶典期間，來自全球各地到場觀禮的國際使節團與觀光旅遊人次可達數十萬，是史瓦帝尼王國年度舉辦的最盛大慶典活動。依據習俗，少女需由年長婦女檢視是否符合處子資格，獲選參加的少女們在特定區域採集蘆葦，於慶典的當天盛裝打扮，穿戴傳統服飾，佩戴彩色亮麗的腳鐲、手環、珠寶、飾帶，表演傳統歌舞，共同迎接國王與王母蒞臨。

蘆葦節籌辦之主要目的為促進在地文化與承繼優良傳統，更深層的意涵為鼓勵少女於婚前保持純潔貞操，避免過早從事性行為，深化倫理道德觀念，亦在促請父母親重視家庭教育與平衡身心健康，教導其子女以學業為重，於適婚年齡方可成家，也是防治愛滋病的重要教育宣導活動。依據史瓦帝的文化與習俗，國王選任王妃有相當嚴謹的程序與隆重的儀式，蘆葦節慶典期間也是國王宣布當年度的被選任王妃，並非如不實之相關媒體報導，國王於參與盛會的少女之中草率挑選。

▲ 父王帶領史瓦帝勇士們蒞臨蘆葦節現場

▲ 蘆葦節（The Reed Dance）簡介

▲ 蘆葦節的盛大現場實況

▲ 皇室宗親成員帶領史瓦帝少女們，共同參與蘆葦節盛況。

國家獨立紀念日
Independence Day

史瓦濟蘭王國（現正名為史瓦帝尼王國）於 1968 年 9 月 6 日，首任國王索布扎二世（King Sobhuza II），正式宣告獨立建國，每年國慶日，全國民眾熱烈歡慶國家生日，我的父王每年都會邀請國際使節與各界代表，共同祝賀史瓦帝尼王國國慶。

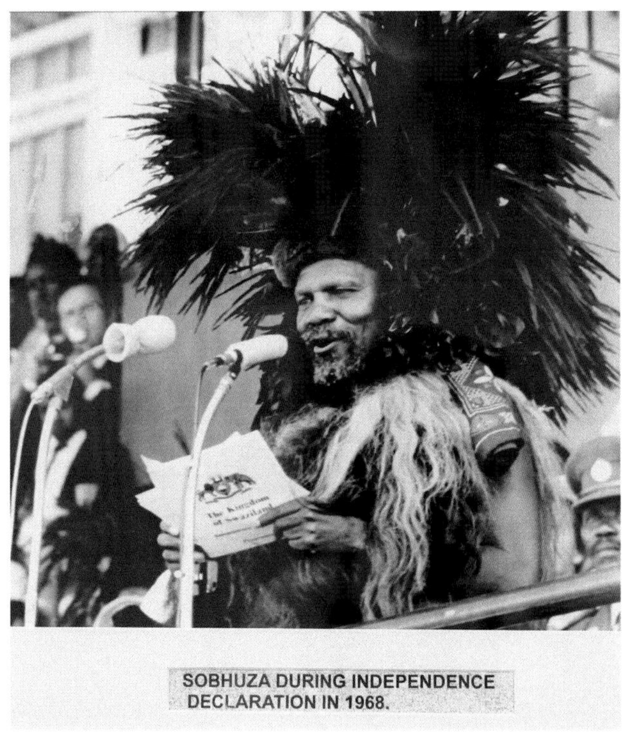
SOBHUZA DURING INDEPENDENCE DECLARATION IN 1968.

▲ 首任國王索布扎二世（King Sobhuza II）宣讀獨立宣言

▲ 史瓦濟蘭王國獨立建國慶典儀式

▲ 2018 年欣逢史瓦帝尼王國建國 50 周年與父王 50 歲誕辰，也是台史兩國建交 50 周年。

勇士節
The Incwala Ceremony

▲ 父王親臨勇士節現場

▲ 我們皇家兄弟們，身穿史瓦帝傳統勇士服飾，一同參與印瓜拉節。

史瓦帝尼王國位於南半球，季節的變化和北半球正好相反，每年 12 月份，適逢夏季，也是跨年度迎新送舊的日子。印瓜拉節（The Incwala）又稱勇士節，對於我們史瓦帝的勇士們是非常重要的節日，青年男士們聚集在王宮前，國王會測試大家，可否擔任保家衛國的戰士，參與盛會的成員，身著傳統服飾，手持木棍權杖、傳統茅杖或盾牌，唱著傳統歌曲，一路步行長征，隊伍綿延可達 10 公里，場面相當壯觀，一路上往返，我們口中都會一起唱著祈福的歌謠。

▲ 健壯的史瓦帝勇士們，步行長征隊伍。

印瓜拉是沒有固定的舉行期間，是由觀星師依據其觀察月球和太陽的相對位置以及月亮的盈虧後，擇定活動日期，每年大致於 12 月下旬舉辦。與此同時，國王依律要獨自閉關，不能打擾。於印瓜拉的第 5 天，一般居民也會隱居一天，在家靜坐冥想與潔淨自己，不處理其他事務。最後一天，參加本次盛會的勇士們會圍繞在王宮前，架起最大的營火，向先祖致敬與祈禱，祈求上蒼降雨和豐收，表示認可本次印瓜拉慶典的榮耀成就。令人興奮的是，幾乎每次都會降下雨水。

▲ 印瓜拉節（The Incwala）簡介

▲史瓦帝勇士們，在印瓜拉節期間向上天祈禱。

▲年長的史瓦帝戰士，傳承給現在的少年勇士，肩負起未來捍衛家園的光榮責任。

THULA BUS

04

Modern Daily Life

當代的日常生活

生活飲食 Daily Food

我們在地居民的日常生活飲食，相當崇尚自然、健康、簡單、均衡，食材主要採自當地，例如，玉米、南瓜、豆類、蔬菜等，經常食用的肉類，牛、羊、豬、雞等，也是本地畜牧養殖，由於位居非洲內陸，海鮮大多從鄰近國家進口。

中華料理餐館，主要位於首都墨巴本（Mbabane）與曼齊尼（Manzini）地區，西式餐廳主要附設於各大飯店、高爾夫俱樂部或度假中心，市區的購物商城有相當豐富多元的美食餐廳可供選擇。

▲ 傳統烹飪器具

▲ 史瓦帝傳統基本菜餚

▲ 我的母親烹飪的史瓦帝家常菜餚

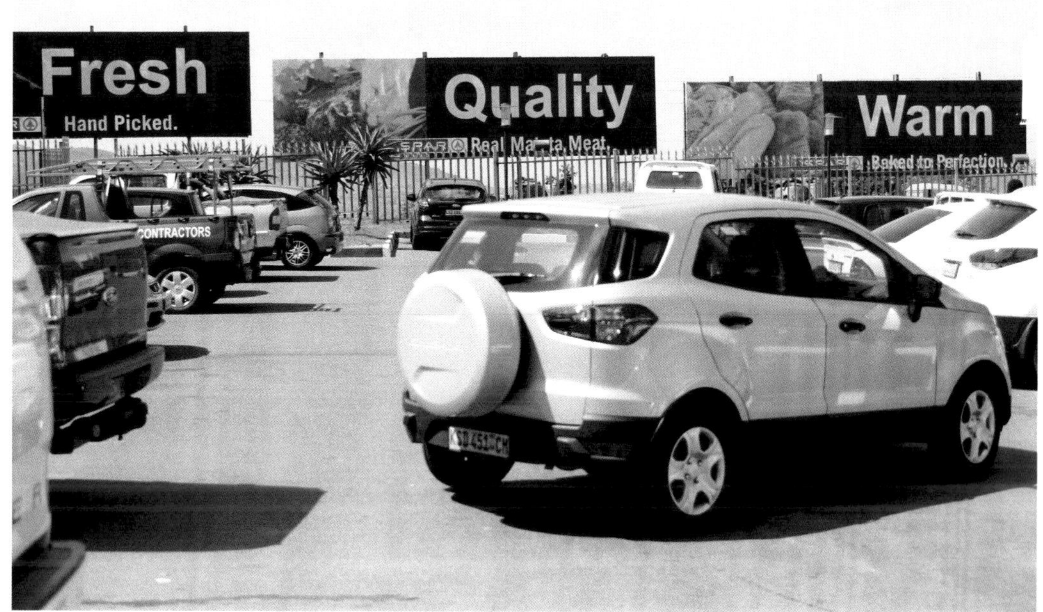

▲ 現代超級市場，日常生活用品，應有盡有。

居住環境 Housing

現代建築與世界其他城市相似，高樓、大廈、公寓、樓房等類型住宅或商業辦公大樓，在史瓦帝尼的主要城市，到處普遍可見。

位於首都墨巴本的希爾頓飯店。

（Hilton Garden Inn Hotel in Mbabane）

ORPORATE PLACE

▲ 位於首都墨巴本市區的購物商城

▲ 在地人民居住現況

交通現況 Transportation

台灣距離史瓦帝尼大約 11,300 公里，台北並無直航史瓦帝尼之班機，可供選擇的國際航空公司非常多元且班次相當穩定，飛行航線係經由杜拜（Dubai）、香港（Hong Kong）或新加坡（Singapore）到達南非約翰尼斯堡（Johannesburg），再轉機飛行 1 小時，抵達國王恩史瓦帝三世國際機場（King Mswati III International Airport）或搭乘約 3 小時的巡迴巴士到達首都墨巴本（Mbabane）。

▲ 位於國王恩史瓦帝三世國際機場的國際租賃汽車服務公司

史瓦帝尼的國內交通以公路運輸為主。公路總長約 4,000 公里，鐵路長度約 400 公里，可以連通至莫三比克的馬普托（Maputo）國際港口和南非的德班（Durban）貿易商港。鐵路與公路貨運是境內及與周邊國家開展貿易的主要運輸方式。大眾運輸工具以中小型客運巴士，空比（Kombi）或計程車（Taxi）較為便利，國際租賃汽車服務公司有 AVIS、Budget 等，車輛的駕駛座在右邊，與台灣相反，是需要注意的交通規則與行車習慣，上下班尖峰時間，汽車數量較多，靠近都會地區有塞車現象，整體而言，交通運輸相當便利。

▲ 空比（Kombi），匯集於墨巴本（Mbabane）市中心的交通轉運站。

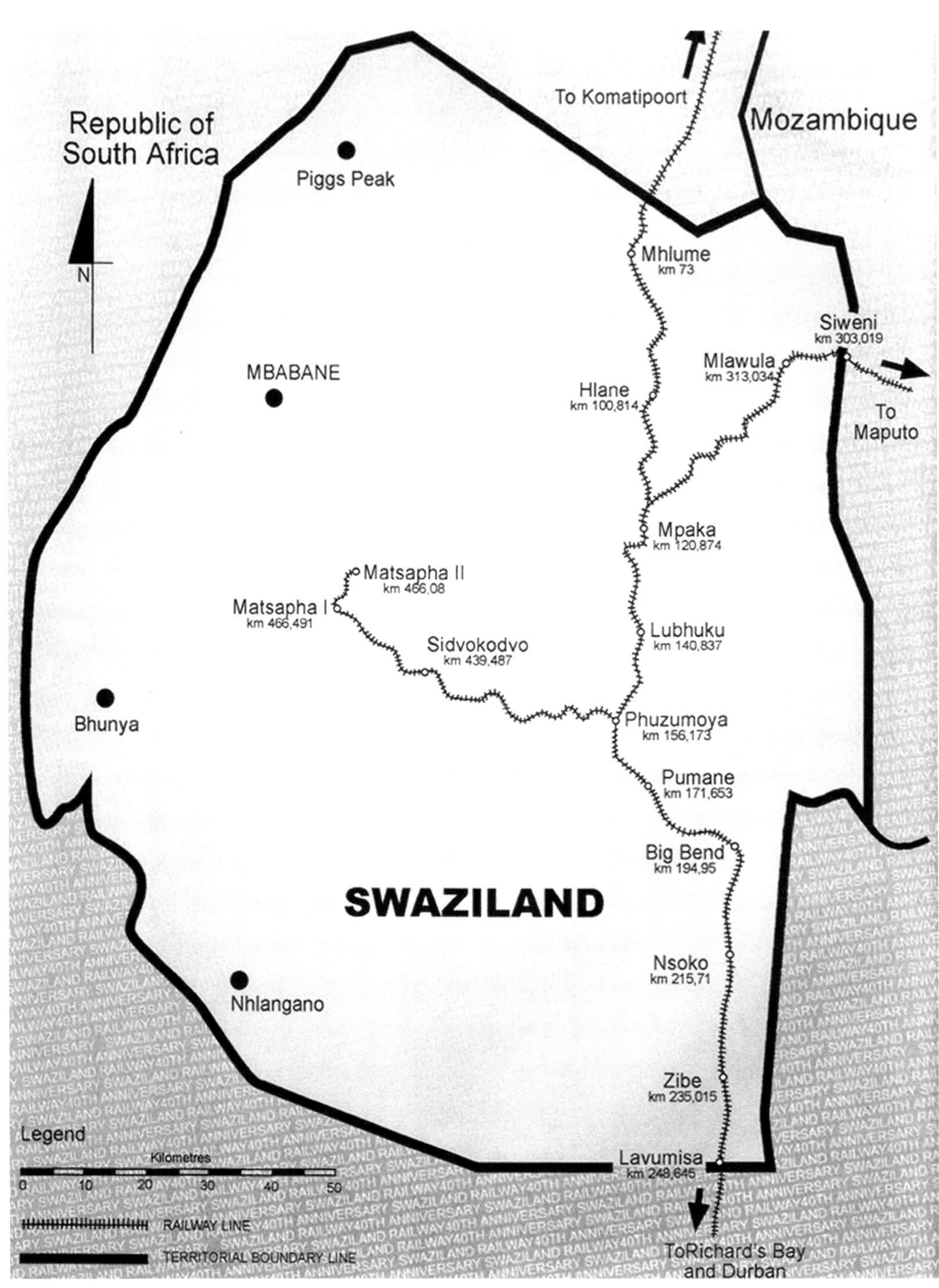

▲史瓦帝尼鐵道系統分布圖

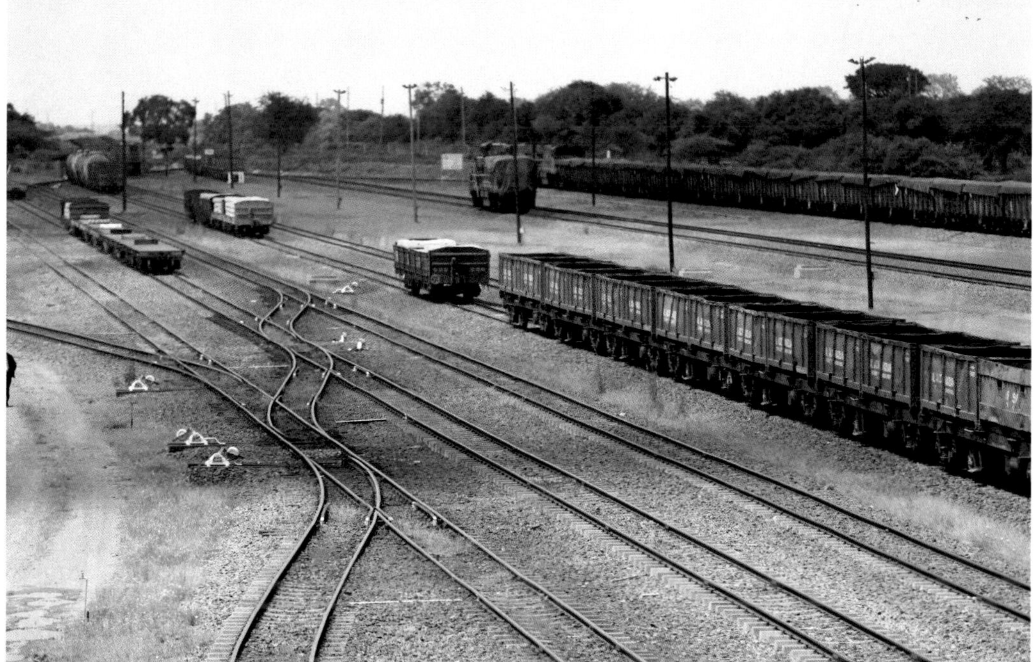

▲ 史瓦帝尼鐵道營運現況

教育現況 Education

史瓦帝尼王國相當重視國民教育，實行義務教育制度。教育經費在國家財政預算中，占有相當大的比例。成人識字率約為 80%。小學約有 600 所，大約平均每 30 名學生有一位教師，中學近 200 所，大概平均每 20 名學生有一位教師。史瓦帝尼大學是國家級綜合型的高等教育學府，主要的專業學系有，農業、商學、教育、社會、人文、工程、健康等範疇。另有多所師範和職業培訓學校。

▲ 史瓦帝尼王國教育與職訓部

▲ 史瓦帝尼大學馬蓋古拉校長與實踐大學陳振貴校長，共同簽訂國際學術合作備忘錄。

▲ 史瓦帝尼大學

▲ 實踐大學簡介

▲ 小學生快樂放學回家的可愛模樣

▲ FIFA 國際足球賽事，在史瓦帝尼舉辦實況。

Inyatsi
22
Inyatsi

▲ FIFA 國際足球賽事，在史瓦帝尼舉辦實況。

學習史瓦帝語 Learning SiSwati

哈囉 Hello .... Sawubona（莎屋波納）

感謝你 Thank you .... Ngiyabonga（恩亞波嘎）

再見（祝福即將離開當地之人）

Goodbye ....Hamba kahle（go well）（漢拔卡雷）

再見（祝福仍然停留當地之人）

Goodbye .... Sala kahle（stay well）（莎菈卡雷）

你好嗎？ How are you? .... Kunjani?（古嘉尼）

我很好 I am well... Ngikhona（恩内叩納）

好的／是的／肯定的 Yes... Yebo（耶博）

不好的／不是的／否定的 No ....Cha（咖）

▲小學生參與校外活動實況

▲ 林國榮創意科技大學畢業典禮

史瓦帝尼王國非常鼓勵國際教育機構，蒞臨當地設立學校，例如，林國榮創意科技大學（Limkokwing University of Creative Technology）是來自馬來西亞的大學，在全球各地設有校區，現有總計約 3 萬名學生，在首都墨巴本校區，大概有 3,000 位學生。

林國榮創意科技大學（Limkokwing University of Creative Technology）

05

Unique Political System

獨特的政治制度

王位的選任與繼位 Choosing the King

倘若國王不幸逝世後，皇室宗族委員會（The Royal Council）將開議選定繼任國王，繼承王位的擇定準則，是由王儲的母親地位作為選定的標準，繼任的國王必須是王母的唯一子嗣，並且繼任王位當時是未婚狀態。被推選的國王必定是傳承自喇米尼（Dlamini）家族，喇米尼是史瓦帝尼的國姓，也是史瓦帝族的特有姓氏，王母可以不是喇米尼家族成員。如果繼任國王尚未成年，王母將代為攝政，直到新任國王成年，正式繼任王位。

▲王位的選任與繼位

▲ 國王恩史瓦帝三世（H.M.King Mswati III）

我的先祖父，首任國王索布扎二世（King Sobhuza II）不幸於 1982 年逝世，基於當時被選定繼任王位的父王恩史瓦帝三世尚未成年，我的祖母，王母恩彤碧（HMQ Ntfombi）代為攝政，直到 1986 年 4 月 25 日，我的父王正式登基王位，成為史瓦濟蘭王國（父王於 2018 年 4 月 19 日，宣布正名為史瓦帝尼王國）國王。

▲恩史瓦帝三世國王陛下（H.M. King Mswati III）於 1986 年 4 月 25 日正式登基

▲ 王母恩彤碧（Her Majesty Queen Ntfombi）

史瓦帝尼王國的政治體制，由國王（Ngwenyama，史瓦帝語之獅子）與王母（Ndlovukazi，史瓦帝語之大象）共同執政。國王需從全國各族氏之間，分別選擇王妃，維持並促進史瓦帝尼王國的族群融合與社會和諧。

▲ 史瓦帝尼王國政府網站

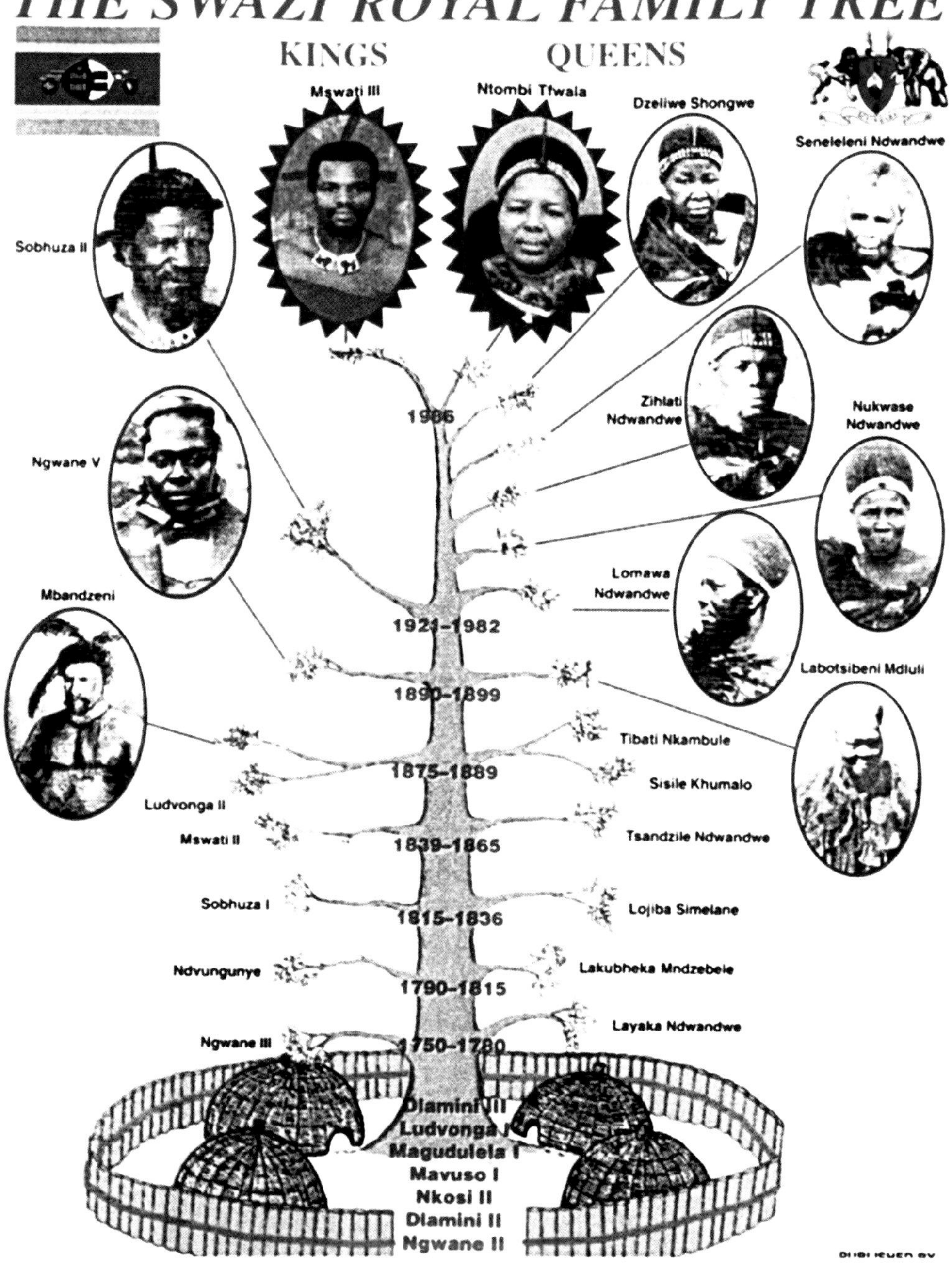

▲史瓦帝尼王國皇室家族樹狀圖

中央政府組織 Central Government

史瓦帝尼王國是皇權至上的君主立憲國家，實施仿西方內閣制及傳統選區（廷古拉，Tinkhundla）並行之獨特政治體制，現任國家元首為國王恩史瓦帝三世（H.M.King Mswati III），父王於 2013 年 9 月正式命名政治制度為「王權式民主」（Monarchical Democracy）。中央政府組織區分為行政、立法、司法三大部門。

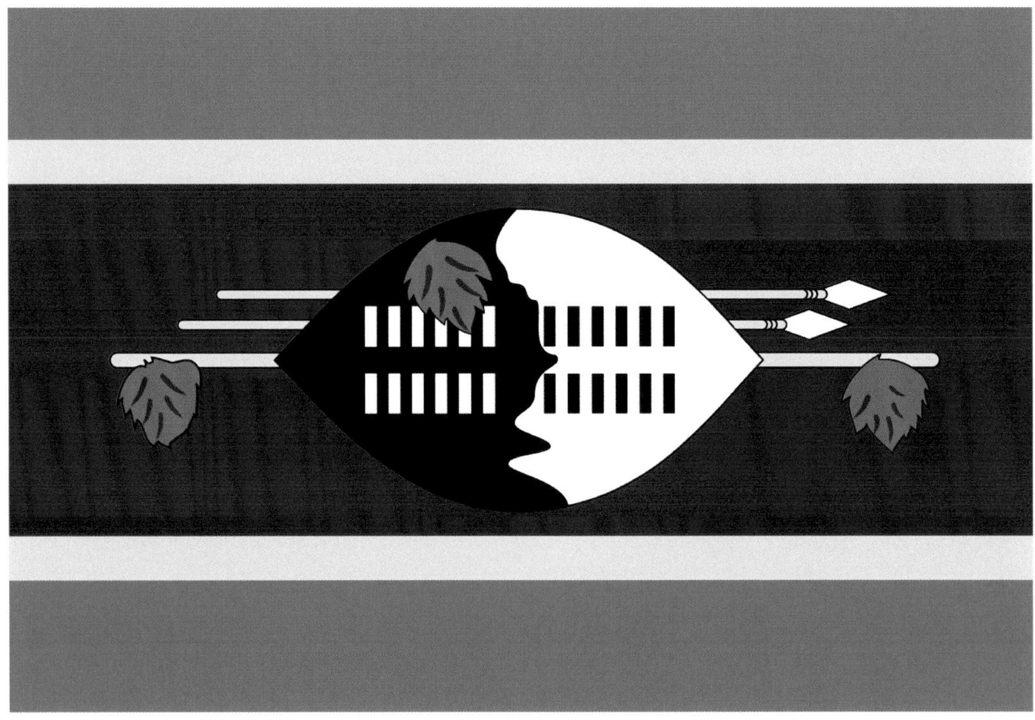

▲ 史瓦帝尼王國國旗

行政部門
Executive

內閣總理為行政首長，於所有眾議員中，由國王擇一任命，現設立 18 部會，內閣成員由總理推薦，呈請國王同意後，組成中央行政部門，內閣總理與各部會首長皆具有國會議員身分。

▲ 國家獨立後的歷任首相

農業部
Ministry of Agriculture

商務、工業與貿易部
Ministry of Commerce, Industry & Trade

經濟規劃與發展部
Ministry of Economic Planning & Development

教育與職訓部
Ministry of Education & Training

財政部
Ministry of Finance

外交與國際合作部
Ministry of Foreign Affairs & International Cooperation

健康部
Ministry of Health

內政部
Ministry of Home Affairs

住宅與城市發展部
Ministry of Housing & Urban Development

資訊、交通與科技部
Ministry of Information, Communication & Technology

司法與憲政事務部
Ministry of Justice and Constitutional Affairs

勞動與社會安全部
Ministry of Labour & Social Security

天然資源與能源部
Ministry of Natural Resources & Energy

公眾服務部
Ministry of Public Service

公共工程與運輸部
Ministry of Public Works & Transport

體育、文化與青年事務部
Ministry of Sports, Culture & Youth Affairs

傳統選區行政部與發展部
Ministry of Tinkhundla Administration & Development

旅遊與環境事務部
Ministry of Tourism & Environmental Affairs

▲ 史瓦帝尼王國政府網站

立法部門
Legislature

政治制度以55個傳統選區，曼齊尼（16個選區）、霍霍（14個選區）、希塞韋尼（14個選區）、盧邦博（11個選區） 為統治基石，每一選區再分為若干個酋長區（Chiefdoms），全國總計有385個酋長區。

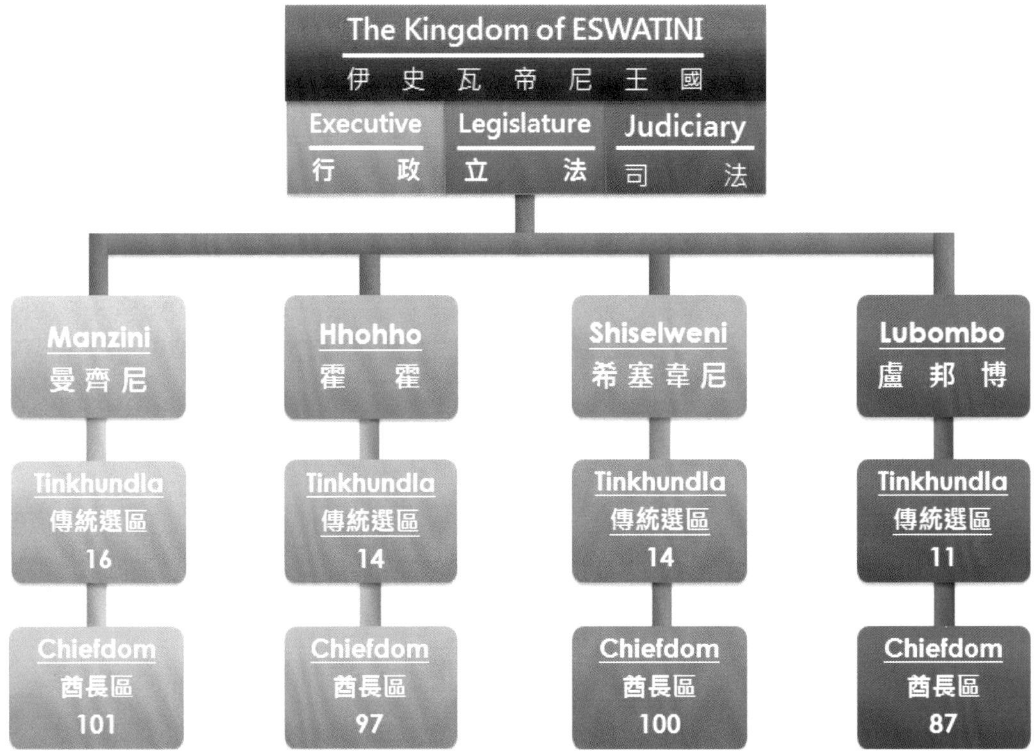

▲史瓦帝尼王國政府體制運作情形

▲ 史瓦帝尼王國國會

現行憲法於 2005 年頒布，國會區分為衆議院（House of Assembly）及參議院（Senate）兩院。國會選舉有二階段，在第一階段，候選人由社區內註冊選民提名，再參加酋長區內之初選。每一酋長區產生一位勝選者，再投入第二階段「傳統選區」之選舉，得票最高者，即當選為該選區衆議員。衆議院由民選之 55 位衆議員及國王任命之 10 位共同組成；參議院則由國王任命經濟、社會、文化界專業人士 20 名，與衆議院自社會各界選出賢達人士 10 名共同組成。國會議員任期 5 年，國王得解散國會。國王與國會共享最高立法權，國會通過之法案於呈請國王簽署後生效。

▲ 史瓦帝尼王國憲法

▲ 史瓦帝尼王國國會開議實況

司法部門
Judiciary

司法制度採行三級審判制度，意即地方法院、高等法院、最高法院。另有史瓦帝尼傳統法院，協助處理習慣法之案件。各地酋長亦有權限，處理司法相關的仲裁案件。

▲史瓦帝尼王國行政區圖

地方制度 Tinkhundla Political System

全國劃分霍霍區（Hhohho Region）、盧邦博區（Lubombo Region）、曼齊尼區（Manzini Region）、希塞韋尼區（Shiselweni Region）等4大行政區，區域行政官（Region Administrator）為派任之政務官。全國之385個酋長區，各區酋長在其轄區內，依職權可以分配土地、派任差勤、仲裁糾紛等。在地酋長深受人民敬重。

部落會議 Liqoqo

每年至少召集一次部落會議（Liqoqo）即國王諮議委員會（The King's Advisory Council），可以直接與部落人民溝通，整體而言，國民享有一定程度之政治及言論自由，一般人民對於其特有的政治制度甚具信心，國王在人民心中，具有非常崇高的地位。

史瓦帝尼王國的獨特政治制度，融合傳統非洲在地文化與世界現代政治制度，史瓦帝人民的性格，普遍善良、樂天、隨和、大方，在1968年9月6日建國獨立之時，我的先祖父，首位國王索布札二世（King Sobhuza II），對於史瓦帝尼王國的立國精神，確立最為簡潔有力的闡述，史瓦帝語（SiSwati）"ANGINASITSA"即I HAVE NO ENEMY，我沒有敵人，與人為善之意。申言之，就是要建立和平良善的史瓦帝尼王國。在全球各地的多變政治局勢，史瓦帝尼王國，在國際政治發展之中，我們努力成就非凡的歷史篇章。

06

Diverse Economic Development

多元的經濟發展

TIONAL AIRPORT

豐富的天然資源 Natural Resources

礦產資源 Mining

史瓦帝尼王國蘊藏相當豐富的天然礦產，主要礦產計有鑽石、黃金、鐵礦、煤礦等，其中煤礦蘊藏量計有 10 億公噸以上，每年開採量約為 50 萬公噸，鐵礦、金礦與鑽石礦區，隨著開採技術進步，逐步進行採礦，產出的鑽石 80% 為工業級，20% 為寶石級，有許多豐富的黃金礦脈位於霍霍區（Hhohho Region），相關簡介可以到天然資源與能源部（Ministry of Natural Resources & Energy）查詢。

▲ 礦物原石樣品

▲ 天然資源與能源部

HHOHHO REGION

Named after the capital region of King Mswati II, the Hhohho Region comprises the western part of Swaziland from the north and runs southwards to the centre of the country.

PIGG'S PEAK AREA

Gold deposits were first recorded in the Pigg's Peak area during modern times in 1872 and in 1884 a gold-bearing reef was discovered in the hills to the west by the prospector, William Pigg, after whom the town is named. Although gold was mined until 1954 and was successful, the venture never really took off. Today, forestry is the main industry in the area while tourism has grown since the development of the Maguga Dam with a number of attractions, including fishing and the establishment of Maguga Lodge, among others. This is the major route into Swaziland from the world-famous Kruger National Park and the hotels and lodges in the area are ideal stopovers for visitors. The rolling hills, sparkling streams and countless waterfalls make the area one of the most scenic and visually appealing in the country.

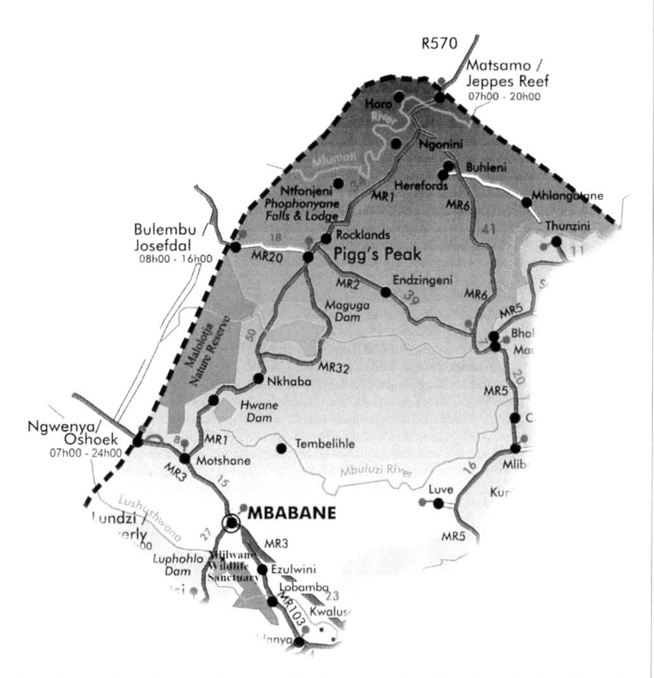

▲霍霍區（Hhohho Region）

▲恩圭尼亞鐵礦山脈（Ngwenya Mountain）

農業資源
Agriculture

農業是我們最主要的就業部門，多數國民從事農業相關工作，大約為13% 的國內生產總值（GDP）。農產品主要以蔗糖、木材、柑橘、玉米、鳳梨、棉花及牛肉等項目，農產物料經過加工後，成為重要創造外匯的來源。

蔗糖是上帝賜與史瓦帝人民的金礦（Swati Gold），緣我們於當地氣候合宜、土地肥沃、水源充足、人民勤奮，讓史瓦帝尼具有糖業王國的美名，糖業發展於 1950 年代，為最早發展的工業，每年產量可達 100 萬公噸，主要有 3 個糖廠，400 個甘蔗生產組織，僱用相關從業人員約 16,000 人，占總勞動人口 11%，是在地最重要的產業。產出的蔗糖品質甚佳，配合農產品加工，製造成相關衍生的飲料與食品，例如，美國可口可樂公司（Coca Cola）就在史瓦帝尼設廠，大幅提高附加價值，主要出口至歐洲、非洲、中東等地區。

▲ 史瓦帝尼皇家蔗糖股份有限公司

▲ 史瓦帝尼糖業協會

▲ 史瓦帝尼皇家糖廠

▲ 皇家糖廠堆積如山的「史瓦帝黃金」（Swati Gold），每袋重量達 1,075 斤。

▲遼闊的甘蔗平原

森林資源
Forestry

我們的森林產業發展歷史悠久，森林面積廣達 7 萬公頃，為世界最大人造林之一，主要栽種松樹，其生長成熟約需 15~20 年，在北半球則需約 40 年。森林資源是史瓦帝尼王國的重要天然資產，松樹可以成為製紙工業及家具產業的原料，橡膠樹以原木型態輸出，作為各式礦場之安全基樁，合金歡樹多銷往南非，可以製成木炭等用途。森林業為重要經濟作物，為僅次於蔗糖之重要農業資源。

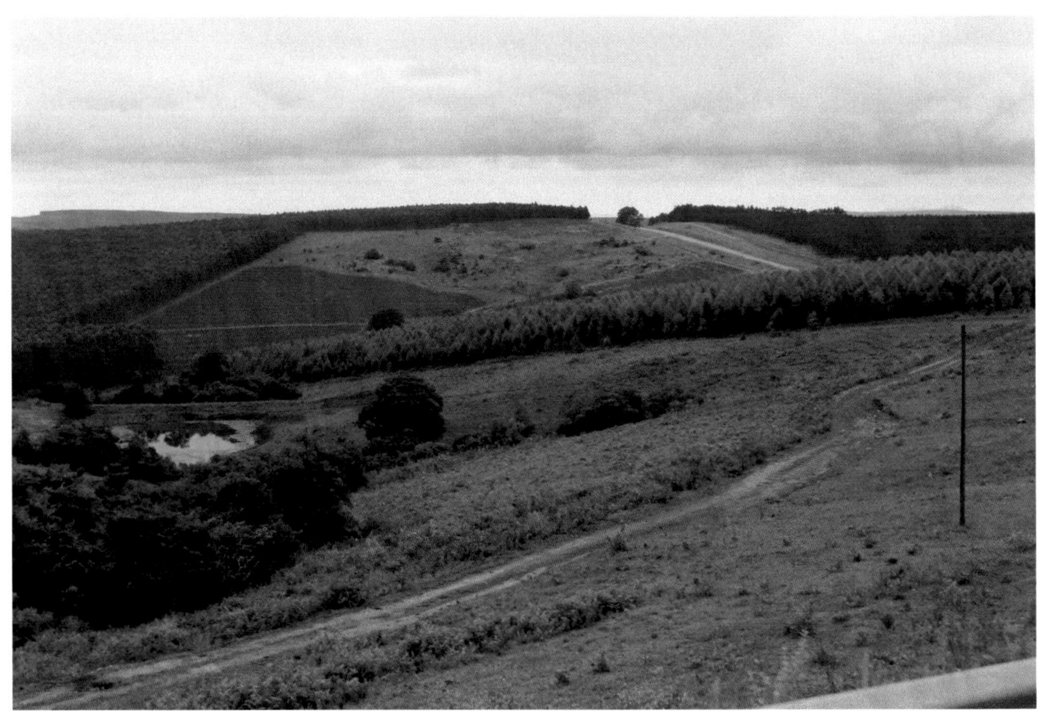

▲ 全球最廣大的人工造林場之一

工商發展 Trade and Industry

史瓦帝尼王國政府相當尊重市場經濟機能，保障私人財產，對於外人投資採取開放政策，除對少數對於國家安全、國民健康及環境保護之項目加以管制外，對投資案之資金額度、股權持有比例、資金來源及匯出以及產品出口市場等均未設限。整體來說我們的政治環境安定，投資政策透明，貿易優惠措施且基礎建設完善，都是投資的優勢。

史瓦帝尼王國政府鼓勵勞力密集、出口導向型輕工業之發展，適合勞力密集產業前往投資設廠，包括紡織、成衣、製鞋、木製產品、紙類包裝袋、塑膠製品、食品加工、家電裝配、化學產品、建材製品等輕型工業產品。

▲ 史瓦帝尼王國投資項目簡介

成衣產業 Textile

美國政府為增進與撒哈拉沙漠以南的非洲國家之國際政經合作關係，於 2000 年立法通過《非洲成長與機會法》（African Growth and Opportunity Act, AGOA），提供貿易優惠措施之方式，帶動非洲國家之經濟發展和創造就業機會。AGOA 所提供之免關稅產品項目，除部分敏感性者外，大致涵蓋各行各業之產品，包含成衣品項。

▲ 非洲成長與機會法（African Growth and Opportunity Act）

史瓦帝尼王國是非洲重要的成衣生產基地，藉由 AGOA 的關稅優惠，可以提升成衣產品在美國市場的銷售競爭力，更可透過史瓦帝尼在南部非洲的地緣優勢，直接於 3 億人口的「南部非洲發展共同體（SADC）」在地銷售，有效降低交通、關稅、倉儲等成本，增加企業營運效益。

▲ 成衣加工製造情形

觀光旅遊 Travel and Tourism

▲ 史瓦帝尼觀光旅遊影集簡介

每年吸引全球上百萬的愛好旅行人士，親自來到史瓦帝尼，感受天然環境、優美生態、多樣物種、獨特文化、傳統特色、悠閒生活、精彩節慶等。觀光旅遊產業相當發達，住宿選擇非常多元，各式國際觀光飯店、在地特色度假旅館、一般等級休閒旅店等。可供參觀景點、遊樂場域與餐飲服務也非常豐富，例如，山川美景、文化慶典、驚險活動、動物奇觀、當代設施、多國飲食等，觀光旅遊產業衍生項目一應俱全。

▲ 愉悅的住宿與款待

▲精彩的戶外探險與活動

▲ 茂盛的樹林環繞優美勝地

▲在地工藝品展示現況

▲ 在地藝術家創作成品

▲ 在地藝術家創作成品

200
CENTRAL BANK OF SWAZILAND
200
TWO HUNDRED EMALANGENI
200
CENTRAL BANK OF SWAZILAND
200
AA0000351

100
CENTRAL BANK OF SWAZILAND
100
ONE HUNDRED EMALANGENI
100
CENTRAL BANK OF SWAZILAND
100
AA0000897

50
CENTRAL BANK OF SWAZILAND
50
FIFTY EMALANGENI
50
GOD IS OUR SOURCE
CENTRAL BANK OF SWAZILAND
50
AA0000590

10
CENTRAL BANK OF SWAZILAND
10
TEN EMALANGENI
10
GOD IS OUR SOURCE
CENTRAL BANK OF SWAZILAND
10
AA0016631

20
CENTRAL BANK OF SWAZILAND
20
TWENTY EMALANGENI
20
GOD IS OUR SOURCE
CENTRAL BANK OF SWAZILAND
20
AA0025327

史瓦帝尼王國之流通貨幣（里蘭吉尼 Lilangeni，複數為埃馬蘭吉尼 Emalangeni）與南非共和國之貨幣（蘭特 Rand）為相同幣值，都可以在我們當地使用。

▲ 史瓦帝尼王國之貨幣
（Lilangeni 里蘭吉尼）簡介

捻貝北岩石山
Sibebe Rock

Sibebe Rock 是世界最大的花崗岩穹丘，也是我們當地最知名的啤酒品牌，這座巨山有一個淒美的愛情故事，據說當時本地的酋長，曾經辦過一個比賽，宣稱第一名登上頂峰者，就可以娶到酋長的女兒，其中有一名叫 Sibebe 的勇士，領先群倫，榮獲冠軍，然而卻因為他的容貌不佳，被酋長嫌棄，最後羞憤墜落山谷，後來在地居民為了紀念他的英勇事蹟，這座花崗岩穹丘即命名 Sibebe。

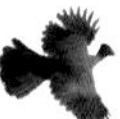

▲ 捨貝北岩石山（Sibebe Rock）

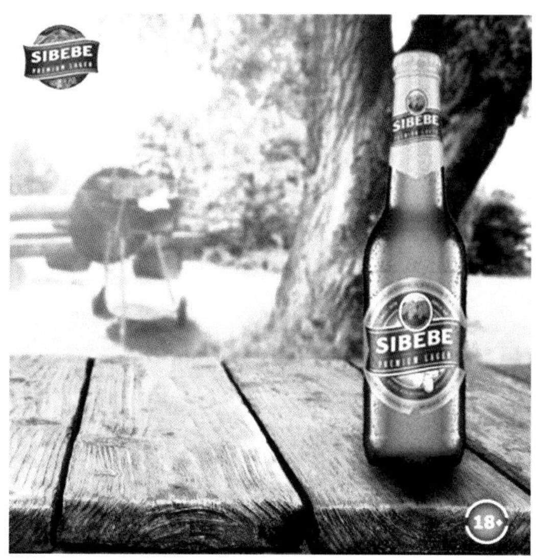

▲ 我們當地最知名的啤酒品牌 Sibebe Beer

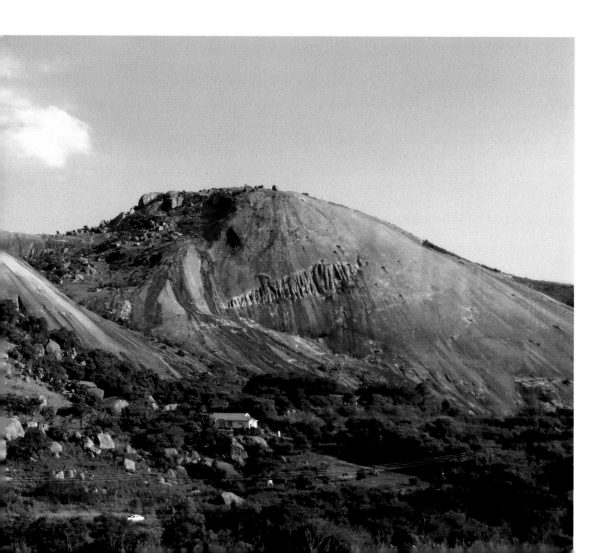

蔓藤嘎文化村
Mantenga Cultural Village

保留最原始的史瓦帝文化的村落，可以蒞臨參觀傳統建築、欣賞民族歌舞表演、聆聽古老傳說、體驗原始生活。附近還可以健行森林步道與觀賞瀑布，享受大自然的風景環繞和恬靜樂活的旅程。

蔓藤嘎文化村
（Mantenga Cultural Village）

▲ 傳統部落醫療診所

▲ 史瓦帝傳統歌舞表演

執法岩石山
Execution Rock

山岩形勢異常高聳與陡峭，依據我們當時古老風俗，是曾經執行死刑的地方，因此，命名執法岩石山（Execution Rock），現在是許多熱愛登高攀岩人士，知名的旅遊景點。

▲ 執法岩石山（Execution Rock）

國王索布札二世紀念公園
King Sobhuza II Memorial Park

緊鄰於史瓦帝尼王國國會所在地，首任國王索布札二世（King Sobhuza II），對於史瓦帝尼王國的立國精神，有其最為簡潔有力的闡述，史瓦帝語（Siswati）“ANGINASITSA”即 I HAVE NO ENEMY，我沒有敵人，與人為善之意。申言之，就是要建立和平良善的史瓦帝尼王國。國王索布札二世非常受史瓦帝人民尊崇，是創立國家的實踐家，帶領當時史瓦帝人與英國政府對抗並爭取民族自決與國家獨立，於 1968 年 9 月 6 日，創建當時的史瓦濟蘭王國（The Kingdom of Swaziland）。

▲ 國王索布札二世紀念公園（King Sobhuza II Memorial Park）

▲ 首任國王索布札二世（King Sobhuza II）

▲ 國王索布札二世配戴史瓦帝勇士傳統服飾的威武英姿

皇家野生動物園
Hlane Royal National Park

位於盧邦博區 （Lubombo Region）的皇家野生動物園，可以搭乘園區專車，以幾乎貼近的距離，親身觀賞獅子、犀牛、大象、花豹等野生動物，探索非洲原野風情。美國有 3 家不同的動物園，曾經於 2016 年，成功引進生長於史瓦帝尼的 17 頭象群，讓美國當地居民有機會觀賞壯碩的非洲大象。

▲ 皇家野生動物園（Hlane Royal National Park）

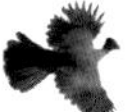

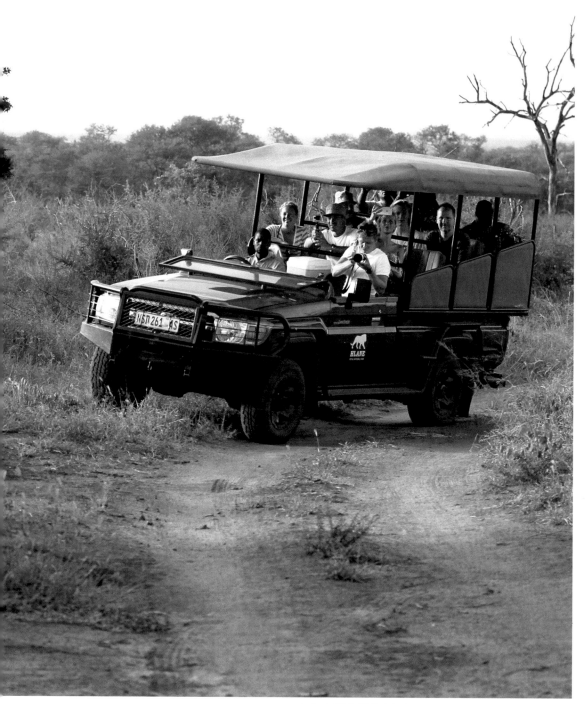

▲皇家野生動物園（Hlane Royal National Park）

恩圭尼亞山
Ngwenya Mountain

位於霍霍區（Hhohho Region）的鐵礦山，距今至少27,000年前，在當時就有人為開採礦物的活動，是人類歷史最悠久的採礦紀錄，鄰近的瑪落落加自然保育區（Malolotja Nature Reserve），可以徒步健走漫遊，欣賞大自然的風貌，由於位於國際邊界區域，更可以遠眺南非疆土，感受悠遊跨越國界之旅。附近的恩圭尼亞玻璃工廠（Ngwenya Glass Complex），非常值得一遊，體驗史瓦帝尼手感特製的玻璃工藝品產出過程。

▲恩圭尼亞山（Ngwenya Mountain）

▲ 恩圭尼亞山之湧泉池水

▲恩圭尼亞山之鐵礦脈穴（Ngwenya Mountain）

▲ 恩圭尼亞玻璃工廠，手感特製的玻璃工藝品

▲ 恩圭尼亞玻璃工廠（Ngwenya Glass Complex）

07

Forever Friendship

堅定的友邦情誼

兩國邦誼永固
Forever Friendship between Taiwan and ESWATINI

史瓦帝尼王國與中華民國自 1968 年 9 月 6 日建交，關係非常友好和密切，兩國相互設有大使館並派常駐大使。

▲ 國王恩史瓦帝三世與蔡英文總統

▲ 國王恩史瓦帝三世與馬英九總統

每年舉行「雙邊經濟技術合作部長級會議」，推動實質雙邊經貿交流。兩國高層經常互訪，我的父王蒞臨台灣訪問，累計至 2018 年，共達 17 次，中華民國歷任總統更多次親臨史瓦帝尼王國，進行國是訪問，我們雙方各級官員互訪頻繁。

▲ 國王恩史瓦帝三世與陳水扁總統

歷年在相關國際場合，我們皆全力支持中華民國參與國際組織，例如，聯合國（UN）、世界衛生組織（WHO）、國際民航組織（ICAO）及《聯合國氣候變化綱要公約》（UNFCCC）等。父王曾經具體言明，史瓦帝尼王國與中華民國的雙方邦誼穩固是無庸置疑並且至死不渝。

UN Web TV

The United Nations Live & On Demand

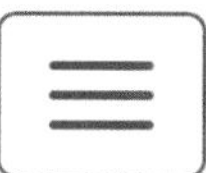

swaziland

Available languages: English

Swaziland - King Addresses General Debate, 72nd Session

▲ 父王於 2017 年聯合國大會為中華民國仗義執言

台灣在史瓦帝尼
Taiwan in ESWATINI

▲ 中華民國駐史瓦帝尼王國大使館

台灣僑胞在史瓦帝尼
Taiwanese People in ESWATINI

定居於史瓦帝尼的台灣僑胞數大約有 300 人，大多集中居住於首府墨巴本（Mbabane）、曼齊尼（Manzini）與瑪莎壩（Matsapha）等大城市。旅居僑民多數成員，秉持刻苦耐勞與奮鬥打拼精神，經營紡織、餐飲、機械及百貨等行業，事業有成，不僅創造當地就業機會、促進國家經濟繁榮，更樹立優良事業經營典範。

▲ 史瓦帝尼國際商展（ESWATINI International Trade Fair）

專業團隊服務
Professional Services Organizations

中華民國協助史瓦帝尼王國推動各項經建、社會、文教、衛生醫療等方面發展計畫，成效斐然。中華民國駐史瓦帝尼王國技術團 40 餘年來，提供農業技術、資訊科技、水電工程、縫紉工法等職業技術訓練，增進生產技能與協助就業，具有卓越貢獻。

▲ 台灣駐史瓦帝尼王國醫療團

▲ 臺北醫學大學醫療團隊

台灣駐史瓦帝尼王國醫療團，是由臺北醫學大學團隊組成，進駐於首都墨巴本，團長杜繼誠醫師與副團長廖學聰醫師，帶領其他專科醫師、護理師和醫療替代役們，協助改善公共衛生及醫療服務，彌補當地醫療人力之不足，大幅節省病患轉診南非之時間與費用，深受我們史瓦帝人民歡迎與重視。

▲ 台灣駐史瓦帝尼王國醫療團工作實況

基礎建設協助
Infrastructure Assistance

雙邊合作計畫深受兩國人民肯定，例如，「鄉村供水」讓史瓦帝尼安全飲用水普及率達71%，已大幅度超越聯合國千禧年計畫所訂定之目標，「生物科技園區」帶動外來投資及增加就業，新建國際機場「國王恩史瓦帝三

▼ 國王恩史瓦帝三世國際機場（King Mswati III International Airport）

世國際機場」（King Mswati III International Airport）已於 2014 年 3 月 7 日正式啟用，中華民國援建之航站大廈，父王特別向台灣人民表達誠摯謝意。

在地志願服務
Community Services

主動擔任台灣世界展望會「HOPE」計畫代言人的林志玲，特別於 2006 年，到訪史瓦帝尼偏鄉地區，關懷當地的愛滋孤兒，協助發送物資、提供飲食、粉刷房舍、提振心靈等，台灣的誠摯的愛心與實際的關懷，史瓦帝尼人民都非常感動。

▲ 志玲姊姊的愛心，在史瓦帝尼看得見

台灣兒童暨家庭扶助基金會

台灣兒童暨家庭扶助基金會於 2013 年成立史瓦帝尼家扶中心，特別關懷位於偏遠地區，需要照顧的純樸孩子，有效整合當地資源，成立 50 個服務據點，提供 4,000 名兒童營養午餐、衛生教育、家庭關懷等愛心服務。

▲ 台灣兒童暨家庭扶助基金會

社團法人舊鞋救命國際基督關懷協會

為基督教宣教團體，發起人是楊右任理事長，於 2017 年當選中華民國第 55 屆十大傑出青年，以非營利組織為基礎，應用社會企業營運模式，期盼改善非洲人民基本生活，協助赤貧居民自立。現在推行的相關計畫有「舊鞋救命」、「愛・女孩」、「行李箱計畫」、「短宣關懷」、「貨櫃教室」、「養雞計畫」、「活水計畫」等，在當地種植蓖麻的知名台商，胡莉芸（Michelle Hu）董事長，鼎力協助之下，並與新北市新店區大豐國小全體師生共同合作，相關計畫在史瓦帝尼各地推動順利，執行成效豐碩，獲得所有史瓦帝尼王國的皇室成員和在地民眾的感激與讚賞。

▲ 楊右任理事長

▲ 舊鞋救命 × 大豐國小

▲ 社團法人舊鞋救命國際基督關懷協會

趙榮勤醫師義診團

天主教台中教區於 2008 年起，每年號召醫療志工與募集相關物資前往史瓦帝尼王國，進行人道關懷與醫療服務，趙榮勤醫師與夫人周文蕊女士，是主要協助與推動的核心人物。趙醫師熱心帶領醫療義診團，巡迴史瓦帝尼需要醫療服務的區域，深獲當地居民愛戴。

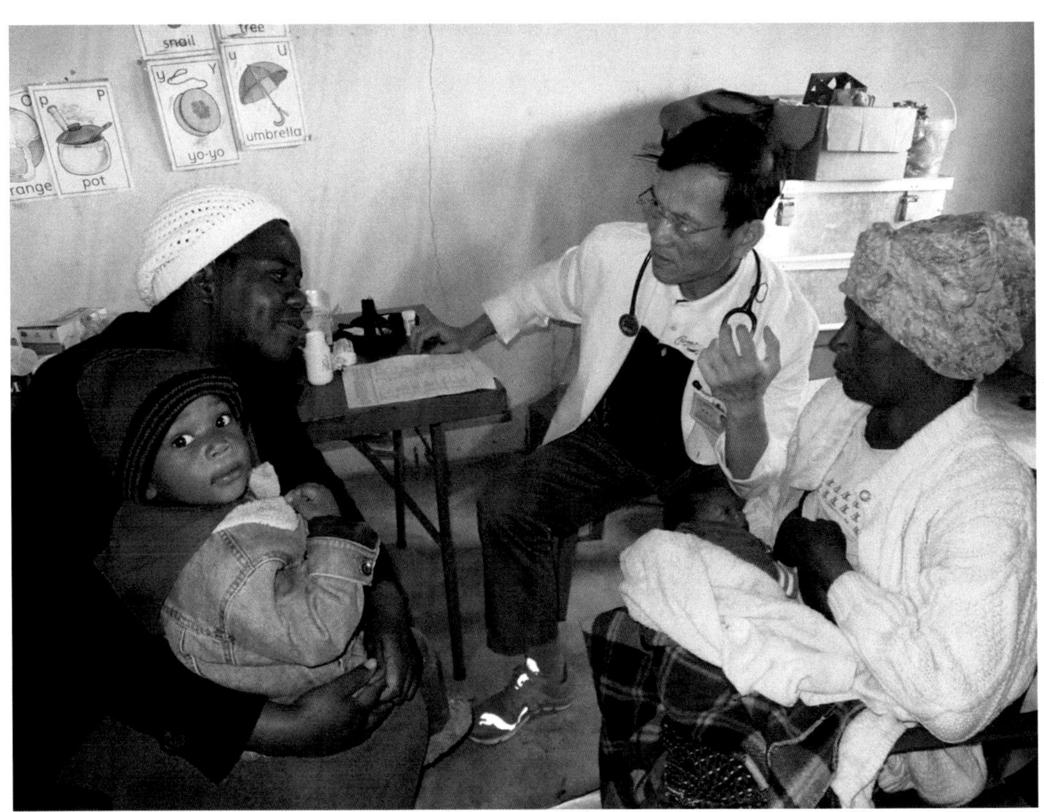

▲ 趙榮勤醫師義診團

阿彌陀佛關懷中心

位於希塞韋尼區（Shiselweni Region）地區，來自台灣的阿彌陀佛關懷中心，在創辦人慧禮法師的帶領與拓展之下，經營面積廣達 40 公頃，可以容納 500 名兒童的學園。在學期間，除了在地規劃之教學內容之外，更涵蓋研習佛法、學習中文、練習武術、茹素飲食、田園生活等。阿彌陀佛關懷中心經營相當用心並且深具特色，父王非常支持其辦學理念，可以讓史瓦帝人民，拓展教育視野與促進文化交流。

▲ 阿彌陀佛關懷中心

南緯實業股份有限公司
Tex-Ray Industrial Co.,Ltd.

台商目前在史瓦帝尼之最大投資產業為成衣製造業。 基於非洲經濟逐漸發展趨勢，南緯實業股份有限公司（Tex-Ray Industrial Co.,Ltd.）於 2001 年，奠基於史瓦帝尼王國，藉由產品研發、尖端技術與效率整合的優勢，以扎根史瓦帝尼為經營非洲市場的發展策略，在地僱用大約 5,000 名員工，是規模最大的台資企業，成衣生產的製程，從紡紗、染整、成衣、包裝等，連貫式的一條龍生產，現今在南部非洲，是唯一有能力全面整合成衣製造價值鏈的領導龍頭大廠。

南緯公司對於企業社會責任更是不遺餘力，經常帶領公司全體同仁，抵達當地捐贈急難救助的需求物資，更提供高額薪資給在台灣留學的史瓦帝尼畢業生，協助並鼓勵其返國貢獻所學。南緯公司林瑞岳董事長，深獲父王的支持與信任，特別授予史瓦帝尼王國駐台灣名譽總領事，共同促進台灣與史瓦帝尼的邦誼穩固。

▲ 南緯實業股份有限公司

▲ 林瑞岳董事長接受經濟日報專訪

PLUS
NEO
TEXRAY

南緯實業股份有限
TEX-RAY SWAZILAND

史瓦帝尼在台灣
ESWATINI in Taiwan

▲ 國王恩史瓦帝三世暨莫查王妃與皇室家族成員蒞臨實踐大學

教育文化交流
Educational and Cultural Exchange

基於史瓦帝尼王國與中華民國的穩固邦誼，父王特別准許我，遠從非洲抵達台灣求學深造，就學於優質教學環境的實踐大學，為了讓台灣人民可以更深入瞭解史瓦帝尼王國的當地文化，我們積極邀請在台灣留學的史瓦帝尼學生以及台灣同學，持續於 2015 年和 2016 年，在新北市新店區大豐國小李春芳校長與國際文教中心鄭韋伶主任的全力支持下，籌辦史瓦帝尼王國文化特展與觀光旅遊特展。開幕首日，冠蓋雲集，史瓦帝尼王國喇米尼大使、布吉納法索尤妲大使、南非共和國代表、奈及利亞共和國代表、中華民國總統府資政林澄枝女士、中華民國總統府資政趙守博先生、中華民國外交部長官、新北市政府侯友宜副市長暨相關一級主官與各行政區校長、新北市議會議員、實踐大學謝孟雄董事長與陳振貴校長暨隨行一級主管、臺北醫學大學代表團、非洲阿彌陀佛關懷中心創辦人慧禮法師等。

策展期間，各地學校舉辦校外教學蒞臨大豐國小國際文教中心參訪學習，相關企業、組織或團體在此舉行國際文化交流活動，更主動巡迴北台灣地區各級學校，展示史瓦帝尼在地文物和舉辦雙北市國際文化教育觀摩活動等。相關媒體傳播、各式參訪、教育學習、文化交流等擴散影響層級，評估累積之數額，至少達到 20 萬人次，成果豐碩。

▲ 2015 年史瓦帝尼文化特展，在我們全體師生團隊合作之下，順利圓滿籌辦成功。

在地關懷服務
Local Community Services

為推動台灣學生拓展國際視野，瞭解非洲地區實況，認知史瓦帝尼文化，增進兩國相互交流，我們在台灣留學的史瓦帝尼學生，主動巡迴不同地區，深度在地關懷與增進多元交流，蒞臨學校涵蓋，深坑國小、永定國小、福山國小、龜山國小、華江國小、文德國小、淡水國小、裕民國小、積穗國小、忠義國小、烏來國中小、莊敬高職等，期望讓許多台灣居民可以不必遠赴非洲，即可深刻瞭解，史瓦帝尼王國的獨特文化，實際促進交流與兩國邦誼。

▲ 在地關懷與文化交流實況

新北市文山分區
國際文教中心
舞動『豐』潮～史瓦濟
DANCING WITH SWAZILAND
Cultural Exhib
國際文教中心主題
暨舞動豐潮──
新北市
104年
亞洲
ASIA

▲ 2015 年史瓦帝尼王國文化特展

▲ 2016 年史瓦帝尼王國觀光旅遊特展

史瓦濟蘭旅行
raveling With Swaziland

08

Africa's Rising Star

非洲的
明日之星

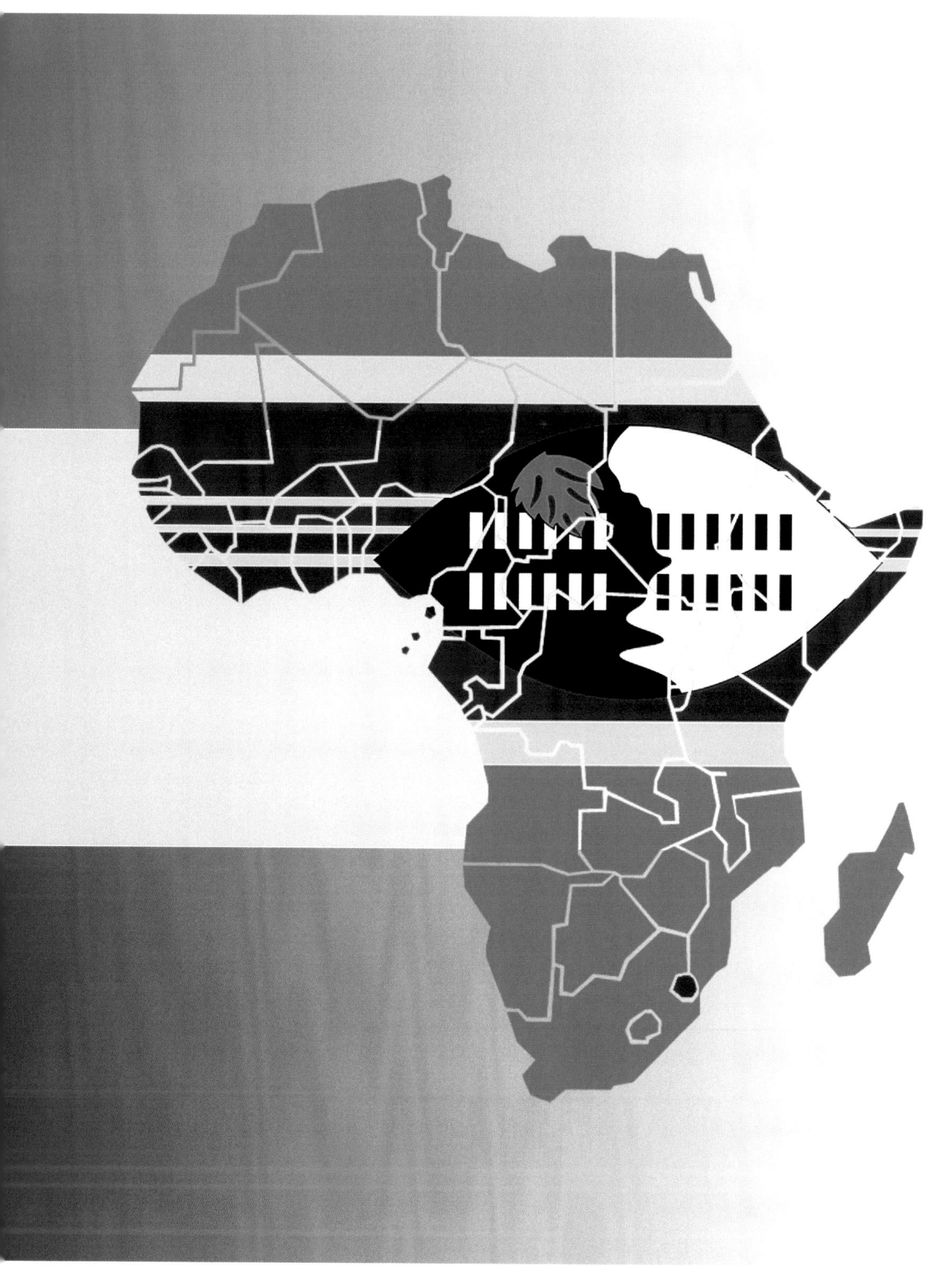

厚實的天然基礎 Rich National Resources

史瓦帝尼王國境內，蘊藏豐富的天然資源，例如，鑽石、金礦、鐵礦等，適合耕作經濟農作物的土地面積寬廣，例如，甘蔗、樹木、蓖麻等。由於人為低度開發、適當保育、維持原始，群聚許多非洲原生物種，更引領全球愛好自然的觀光旅遊人士，慕名前往史瓦帝尼。

良好的國際關係 Good International Relationships

史瓦帝尼王國於 1968 年獨立後即成為聯合國（UN）會員國，也是大英國協（The Commonwealth）成員國。我們的國際外交政策採取溫和與中立路線。非常重視南非共和國及莫三比克共和國的鄰國關係，現為「南部非洲發展共同體（SADC）」、「南部非洲關稅聯盟（SACU）」與「東南非共同市場」（COMESA）之會員國。父王於 2016 年當選南部非洲發展共同體主席，現有 15 個會員國，全體居民約達 3 億，致力於區域內的經貿整合與和平安全。

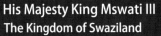

His Majesty King Mswati III
The Kingdom of Swaziland

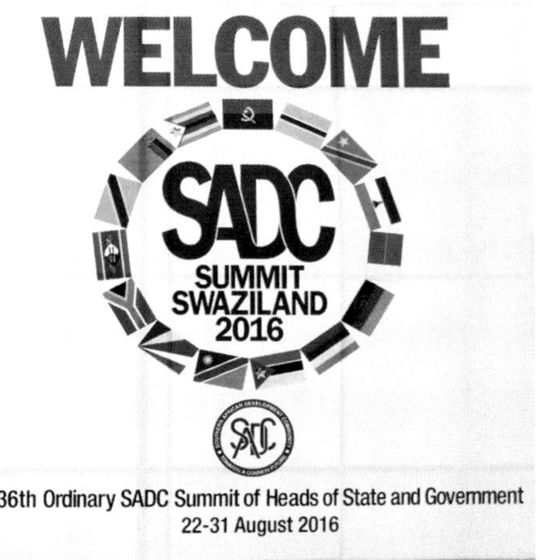

WELCOME
SADC
SUMMIT
SWAZILAND
2016
36th Ordinary SADC Summit of Heads of State and Government
22-31 August 2016

▲ 父王蒞臨美國進行國是訪問

▲ 聯合國（UN）

▲ 大英國協（The Commonwealth）

▲ 南部非洲發展共同體（SADC）

▲ 南部非洲關稅聯盟（SACU）

▲ 東南非共同市場（COMESA）

◄ 父王榮任南部非洲發展共同體（SADC）主席，各國元首蒞臨史瓦帝尼王國參與蘆葦節之盛況。

史瓦帝尼王國準備舉辦「非洲聯盟高峰會」（African Union Summit），會議期間來自所有非洲各國元首，齊聚一堂，團結合作。各式相關議題、重大決策與行動方案，就是要發展我們未來更美好的非洲家園。我們所有的史瓦帝人民，都非常期待與榮幸，可以籌辦整合全非洲的國際盛會，相信在父王英明的睿智領導與政府的精心策劃之下，我們一定會讓全體非洲人民，再次深度認識「絕美的史瓦帝尼 Amazing ESWATINI」。

▲ 非洲聯盟（African Union）

穩定的政治局勢 Stable Political Situation

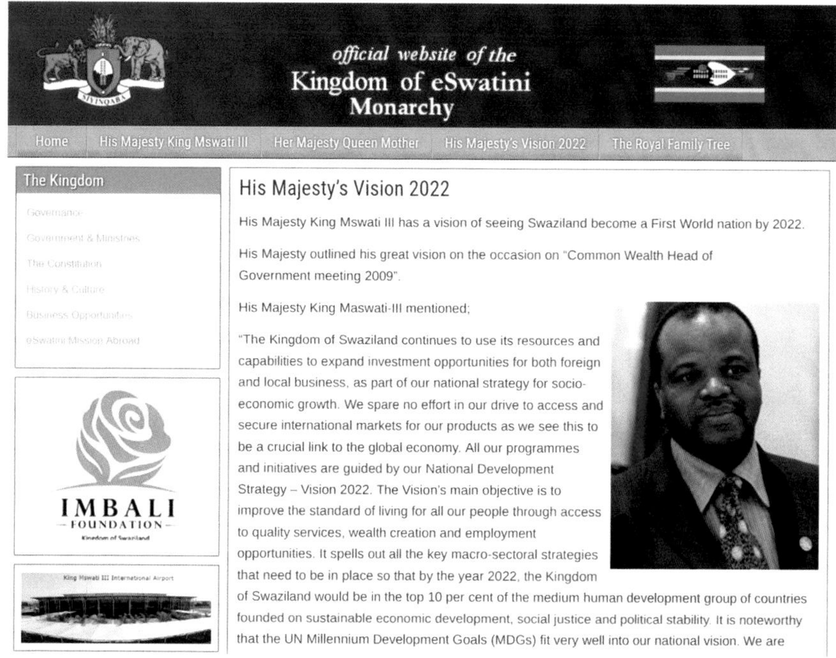

史瓦帝尼王國長期在父王的領導與主政之下，國內政局相對穩定，提出的國家願景 2022 計畫 （Vision 2022），將維持經濟增長、政治穩固與社會正義，致力於人類發展指數的中間等級國際排名，期待成為第一世界的國家行列。

▲ 史瓦帝尼王國策略發展藍圖

友善的在地文化
Friendly Domestic Culture

史瓦帝人民的性格，普遍善良、樂天、隨和、純樸、大方。我們當地的政治安定，治安良好，和台灣邦誼穩固，兩國簽訂許多經貿協定，例如「投資保障協定」、「避免雙重課稅協定」等，勞工素質及忠誠度頗高，勞資關係和諧。史瓦帝尼王國政府積極建立友善與開放的環境，隨時敞開國門，歡迎企業投資、蒞臨觀光旅遊、鼓勵文化交流等，只要能夠提升史瓦帝尼王國永續發展的項目，我們都樂於共同推廣與合作。

互助的繁榮發展
Cooperative and Prosperous Development

在全球布局與國際合作的趨勢之下，史瓦帝尼王國擁有豐沛天然資源，國際情勢無外來威脅，政治維持穩定與和平，經濟持續發展與提升，是可以長居久安和永續發展的家園，未來非洲地區在全球產業供應鏈與國際經貿發展策略，具有非常重要的影響地位，位於非洲的史瓦帝尼王國，我們將持續扮演積極的角色，未來絕對是閃耀的明日之星。

結語 Conclusion

奠基於亞洲的中華民國，位處於非洲的史瓦帝尼王國，兩國共同擁有相似的自然環境、人文社會、國際地位與國家情勢，例如，氣候環境、國土不大、殖民背景、人民和善、大國環伺、政局穩定等情況。在國際政治合作與全球經貿發展的架構當中，我們應該共同發揮所長並攜手合作，持續積極促進世界的和平穩定與人類的繁榮發展。

史瓦帝尼是我的美麗家園，我們保留世界上少有的原始自然生態，持續升級的現代生活環境，致力維護全球獨特的傳統文化，擁有相當多元的天然資源，我們非常歡迎大家蒞臨史瓦帝尼，一起體驗跨時空、跨文化、跨領域的生活型態，在當代普遍憂慮和忙碌的日子，享受純淨、簡單、樸實、悠閒、良善、真誠的史瓦帝尼，是平衡身心健康的最佳處方，在人生的精彩旅程中，絕對是美好的珍藏回憶。

你現在已經準備好悠遊史瓦帝尼了嗎？

讓我們一起到史瓦帝尼旅行吧！

▲ 歡迎蒞臨史瓦帝尼王國
Welcome to The Kingdom of ESWATINI

▲ 體驗史瓦帝尼王國皇家風采
The Kingdom of ESWATINI: A Royal Experience

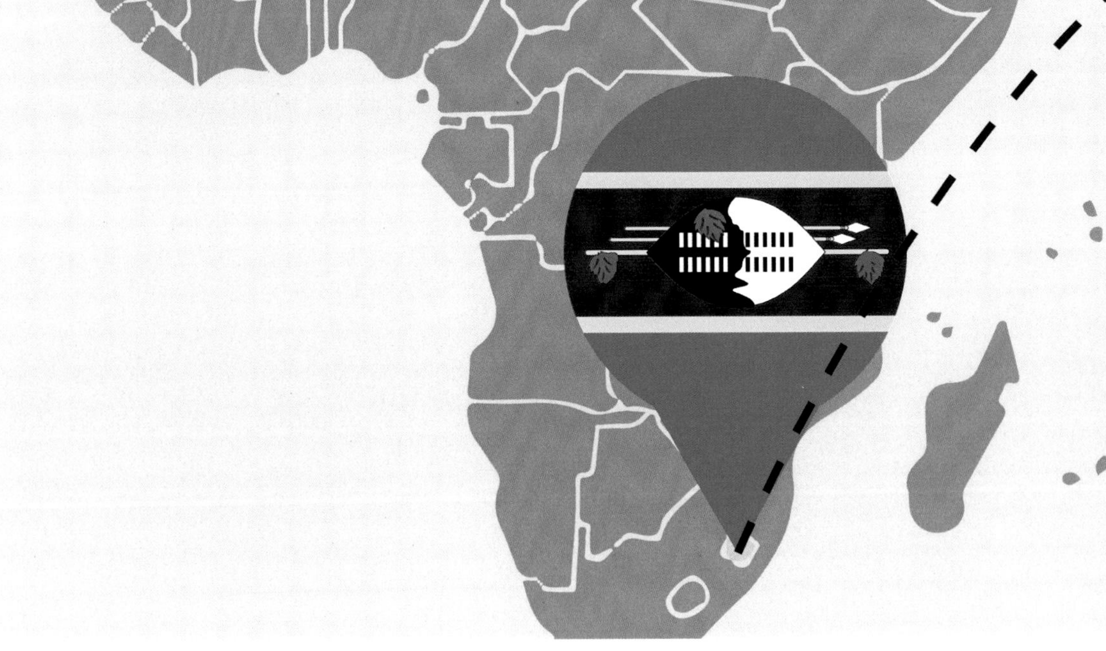

釀時代25　PF0298

Yes・史瓦帝尼

作　　者	班柯希（Buhlebenkhosi Dlamini）、陳瑩峰（Ean Chen）
圖片提供	張志文（Vincent Chang）、蔡哲瑋（Daniel Tsai）、 史瓦帝尼王國觀光局（ESWATINI Tourism Authority）
執行編輯	廖家暎
責任編輯	鄭伊庭、姚芳慈
圖文排版	楊家齊
封面設計	劉肇昇

出版策劃	釀出版
製作發行	秀威資訊科技股份有限公司 114 台北市內湖區瑞光路76巷65號1樓 電話：+886-2-2796-3638　傳真：+886-2-2796-1377 服務信箱：service@showwe.com.tw http://www.showwe.com.tw
郵政劃撥	19563868　戶名：秀威資訊科技股份有限公司
展售門市	國家書店【松江門市】 104 台北市中山區松江路209號1樓 電話：+886-2-2518-0207　傳真：+886-2-2518-0778
網路訂購	秀威網路書店：https://store.showwe.tw 國家網路書店：https://www.govbooks.com.tw
法律顧問	毛國樑　律師
總 經 銷	聯合發行股份有限公司 231新北市新店區寶橋路235巷6弄6號4F 電話：+886-2-2917-8022　傳真：+886-2-2915-6275

出版日期	2021年9月　BOD一版
定　　價	1,350元

Printed in Taiwan

讀者回函卡

國家圖書館出版品預行編目

Yes.史瓦帝尼 = Yebo.Eswatini/班柯希(Buhlebenkhosi Dlamini), 陳瑩峰(Ean Chen)作. -- 一版. -- 臺北市 : 釀出版, 2021.09

面； 公分. -- (釀時代 ; 25)

BOD版

ISBN 978-986-445-511-9(平裝)

1.人文地理 2.歷史 3.史瓦帝尼

768.9 110011770